문학의 숲 삶의 풍경

김도희 지음

신아사

김도희

동의대학교 국어국문학과 졸업
동 대학원 국어국문학과 졸업·문학박사
현재 동의대학교 문학인문교양학부 교수

논문
「이태준 유년기 유랑체험의 소설에의 수용 양상」
「국어교과서를 활용한 죽음교육」
「치유로서의 소설 읽기」 외

저서
『한국서사문학과 동물』(공저)
『세계의 명저 명작』(공저)
『글쓰기와 표현』(공저)
『뿌리 깊은 한국어 초급 1·2』(공저)
『문학과 삶』(공저) 외

문학의 숲 삶의 풍경

초판 발행 _ 2017년 2월 28일

저　　자 • 김 도 희
발 행 인 • 정 현 걸
발　　행 • 신 아 사
인　　쇄 • 토탈프로세스
주　　소 • 서울시 은평구 통일로 59길 4(2F)
전　　화 • 02)382-6411 · 팩스 02)382-6401
홈페이지 • www.shinasa.co.kr
E-MAIL • shinasa@daum.net
출판등록 • 1956년 1월 5일 (제9-52호)

ISBN 978-89-8396-985-9(93810)

정가 12,000원

프라임 동의 인문교양 총서

이 저서는 교육부의 산업연계교육활성화선도대학(PRIME)사업 사업비를 지원받아 집필한 저서임

머리말

'문학이란 무엇인가' 하는 물음은 '인생이란 무엇인가' 하는 문제만큼 막연하고도 어려운 질문이다. 이러한 질문에 대한 답은 쉽게 마련될 수도 없을 뿐더러 그 해답은 사람마다 다를 수밖에 없을 것이다. 분명한 것은 문학이란 인간에 의한, 인간의 기록이라는 사실이다. 이처럼 문학이란 인간의 삶에 대한 기록이자 우리가 살아가는 시대정신 내지는 정신사적 흐름을 담고 있는 것으로, 그 속에는 세계와 인간에 대한 인식이 깊이 있게 형상화되어 있다.

예로부터 문학은 인간이 한 사회의 구성원으로 성장해 가는 과정에서 세계 인식의 창으로서의 역할을 해왔다. 문학에 그려진 다양한 세계를 추체험하는 과정에서 우리는 사고의 유연성, 상상력과 창의력을 배양함은 물론, 타자의 서사를 통해 공감과 배려의 가치를 체득할 수 있었다. 즉 문학 작품은 독자들로 하여금 가치 있는 의미를 생성하게 하고, 그것은 우리의 삶을 더욱 풍요롭게 만들어 주는 데 기여해 왔다. 이는 오늘날 문학 작품 감상이 우리에게 더욱 절실해지는 이유이기도 하다.

그동안 대학 강단에서 문학 강의를 하면서 이론 중심의 강의와 교과서적인 틀에서 벗어나 학생들이 흥미진진하게 공감할 수 있는 문학 이야기를 펼쳐나갈 안내서의 필요성을 느껴왔다. 그런 의미에서 문학에 좀 더 자유롭게 다가서고 편안하게 그것을 즐기기 위한 사람들을 염두에 두면서도, 피상적인 소개에 그치기보다는 자세하고 친절하게 작품을 소개한다는 생각으로 이 책을 쓰게 되었다.

이 책에서는 백 년 가까운 세월 동안 발표된 우리 현대문학을 대상으로 열다섯 편의 서사문학을 가려 뽑아 각각의 작품에 대한 해설 중심으로 내용을 엮었다. 근대 초기부터 오늘에 이르기까지 각 연대별 서사물을 대상으로 하여 이들 작품은 과연 무엇을 말하고 있는 것인가를 설명하고, 또 이들을 어떻게 해석하고 향유해야 할 것인가에 대하여 소개하였다. 궁극적으로는 독자들이 해당 작품을 직접 찾아 읽어볼 수 있도록 유도하여 문학이라는 프리즘을 통해 다양한 인간 삶의 면면들을 돌아봄으로써 자신의 삶을 되비추어 보는 계기를 마련하고자 하였다.

아무쪼록 독자들에게 이 책이 재미있게 읽히기를 바라고, 이 책을 통해 우리 문학 작품에 대한 이해의 깊이와 넓이가 더 심화되고 확산되기를 희망한다. 보잘것없는 글을 예쁜 책으로 만들어 주신 신아사 관계자 분들께 진심으로 감사의 말씀을 드린다.

2017년 2월 20일

저자 김도희

차례

문학의 숲
삶의 풍경

암울한 시대를 살아간 지식인의 자기 성찰

염상섭의 〈만세전〉

한국 근대문학사에서 사실주의 문학의 대표자로 자리매김되어 있는 횡보(橫步) 염상섭은 김동인과 더불어 우리 문단에서 현대소설을 개척하는 데 큰 공을 세운 작가이다. 1897년 서울에서 태어난 그는 대한제국 중추원 참의(參議)를 지낸 조부로부터 『천자문』, 『동몽선습』을 배우는 등 명문가의 자제로서 유복한 소년 시절을 보냈다.

보성소학교, 보성중학교를 거쳐 1917년 일본 게이오대학 사학과로 진학한 그는 학업을 마치지 못한 채 언론계에 발을 들여놓았다. 1920년 귀국하여 동아일보 기자로 입사하였으며 이후 시대일보, 조선일보사에서 근무하였다. 1936년에는 만선일보 편집국장을 지냈으며, 해방 후에는 경향신문의 초대 편집국장을 역임하기도 하였다.

일찍이 보성중학교 재학 시절부터 문학에 대한 관심이 많았던 염상섭은 당시에 이미 나쓰메 소세키와 투르게네프의 문학에 심취하는 등

문학에 대한 남다른 열정을 보였다. 1920년에는 황석우 등과 함께 동인지『폐허』를 창간하였으며, 1921년 8월『개벽』지에 〈표본실의 청개구리〉를 연재하면서 본격적으로 소설가의 길로 들어섰다. 〈표본실의 청개구리〉가 발표되자 문단에서는 호평(好評)이 자자하였다. 이 땅에 비로소 소설다운 소설이 나오기 시작했다는 평은 물론, 염상섭과 가끔 필전(筆戰)을 벌이기도 했던 김동인조차 '문단 30년사'에서 강적이 나타났다고 할 정도였다.

흔히 한국 최초의 자연주의 소설로 불리는 〈표본실의 청개구리〉는 3 · 1 운동이 실패한 후의 한국 지식인이 경험한 좌절감과 무력감, 질식할 것만 같은 내면 풍경을 잘 그려 보여 주는 작품으로 평가 받고 있다. 그런 한편으로 이 소설은 낭만성이 짙고 구성상의 한계점을 지니고 있는 미숙한 작품이라는 부정적인 평가에서도 자유롭지 못하다. 그러나 한국문학사에서 염상섭이라는 사실주의 작가를 탄생시키는 첫 출발을 알리는 의미 있는 작품이라는 점에서는 그 의의가 크다.

이후 염상섭은 〈암야〉, 〈제야〉, 〈만세전〉 등 한국을 대표하는 소설을 잇달아 발표하여 문단의 주목을 받았다. 특히 1931년『조선일보』에 연재한 장편소설 〈삼대〉는 리얼리즘을 바탕으로 세대 간의 갈등을 묘사하여 한국 문학의 금자탑을 이룬 작품으로 평가 받고 있다. 1954년에는 장편소설 〈취우〉로 서울시 문화상을 수상하였으며, 1956년에는 아세아 문학상, 1957년에는 예술원 공로상, 1962년 3월에는 3 · 1 문화상 등을 받는 등 화려한 수상 이력을 보유하고 있기도 하다.

한국 근대문학사의 대표 문인으로 오랜 기간 문단을 지켜온 그는 중·장편소설 28편, 단편소설 148편, 비평 100여 편, 그 밖의 잡문 246

편 등 무려 530여 편의 글을 남긴 채 1963년 67세를 일기로 세상을 떠났다. 우리 역사의 수많은 질곡을 지나오면서 그는 주류 세력과 타협하기보다 오히려 불화하거나 중립적인 태도를 유지하고자 노력한 작가였다. 그리하여 그는 투철한 산문 정신을 바탕으로, 한 시대의 전형을 창조하는 특출한 능력을 소유한 작가, 무기교의 기교를 보여 주는 작가, 우리 문단에 사실주의 문학의 씨를 뿌리고 거둔 대가라는 극찬을 받게 되었던 것이다.

망국민의 참상 고발

〈만세전〉은 〈묘지〉라는 제목으로 1922년 7월부터 『신생활』이라는 잡지에 연재된 소설이다. 그런데 『신생활』지가 사회주의 운동과 연관되었다는 이유로 일제에 의해 강제 폐간됨에 따라 이 작품은 1922년 9월, 3회를 끝으로 연재가 중단되고 만다. 잡지의 폐간뿐만 아니라 소설의 내용 중에서 조선인을 인신매매하는 일본인의 대화 부분도 당시로서는 문제가 되었다. 이런 이유들로 인해 이 소설은 2년 동안 연재가 중단되었다가 1924년 『시대일보』로 지면을 옮겨 그해 4월 6일부터 6월 1일까지 〈만세전〉이라는 제목으로 총 59회 연재되었다. 연재가 끝나자 그해 8월 고려공사에서 단행본으로 출간되었다.

〈만세전〉은 일제 강점기 우리 민족의 처참한 현실을 고발하고, 구습(舊習)에 길들여져 있는 사회에서 한 지식인이 겪는 고뇌와 자성(自省)의 편린들을 잘 묘사하고 있는 작품이다. 무엇보다 이 작품에는 일제의 수탈과 무지한 민중의 모습 등 우리 민족이 처했던 극한 상황이 적나라하게 제시되어 있다. 이와 같이 당시로서는 쟁점이 되는 사안을 정확하게 지적하고 있다는 점에서 이 작품은 현재 한국 문학사에서 사실주의 소설의 전범(典範)으로 평가 받고 있다.

한편, 주인공의 내면 고백을 통해 당대 현실의 본질적인 문제점들을 제기하고 있는 것이나 도쿄에서 경성으로 향하는 여로형 플롯을 취하고 있다는 점은 이 작품이 리얼리티를 획득하는 데 큰 기여를 하고 있는 부분이다. 그 중에서도 이 소설의 여로형 플롯은 사회 현실을 깨닫는 주인공의 인식과 그 변화 과정을 효과적으로 보여줄 수 있는 독특한 장치라는 점에서 비평가들로부터 긍정적인 반응을 얻고 있다.

소설의 내용은 다음과 같다. 도쿄 W대학 졸업반에 재학 중인 식민지 한국의 유학생 '나', 이인화는 아내가 위독하다는 전보를 받는다. 그러나 '나'는 즉시 귀국하지 않고 이발소, 서점, 카페 등을 전전한다. 술집 여급을 만나러 카페에도 가고 고베에 살고 있는 음악학교 학생을 방문하기도 한다.

다음 날 시모노세키에서 연락선을 타는 순간부터 '나'는 식민지 유학생이라는 그 한 가지 이유만으로 경찰의 검문, 짐 수색과 압수, 끈질긴 미행 등 갖은 수모와 시달림을 겪는다. 그것은 나라 잃은 청년에게 말할 수 없는 모욕감과 울분을 안겨 주는 것이었다.

배 안의 욕실에서 노동자들을 경멸하는 일본인들의 이야기를 들은 '나'는 나라 없는 설움과 빈곤에 허덕이는 우리나라 노동자들에 대한 연민과 동정에 휩싸인다. 그러나 부산에 도착하여 김천을 거쳐 서울에 이르는 여정에서 그는 우리 민족이 이와 같은 암담한 현실에 빠지게 된 것이 단순히 일제 때문만은 아니라는 생각을 한다. 봉건적인 무지함에서 헤어나지 못한 채 식민지 지배에 굴종하면서 자신의 안위를 우선시하는 우리 민족 개개인에게도 심각한 원인이 있다고 깨닫게 된 것이다.

집에 도착해 보니 현대 의학으로 충분히 고칠 수 있는 병을 앓고 있는 아내는 방치되어 있었고, 아버지는 술타령이나 하면서 병든 아내를 재래식 의술에 무작정 맡겨 두고 있었다. 결국 아내는 세상을 떠나고 만다. 거기에다 과부가 되어 돌아온 누이, 무위도식하는 종형, 그 밖의 손님들로 인해 '나'는 좀처럼 안정을 찾지 못한다. 그곳을 구더기가 들끓는 공동묘지라 생각하고 그와 같은 답답한 조선을 떠나 진실된 삶을 찾기로 결심한 '나'는 새로운 출발을 위해 다시 도쿄로 떠난다.

이와 같은 내용으로 구성된 〈만세전〉에는 일제의 억압과 수탈이 만연한 현실에 대한 작가의 강한 비판적 목소리가 내재되어 있다. 도쿄에서 고국으로 돌아오는 연락선에서 주인공은 선내(船內) 목욕탕에 갔다가 거기서 일본인 욕객(浴客)들의 대화를 듣고는 말할 수 없는 모욕감을 느낀다.

"나두 이번에 가서 해오면 세 번째나 되우마는…… 조선 쿠리 말씀요. 농촌 노동자를 빼내오는 것이죠. 그런데 그것은 대개 경상남북도나 그렇지 않으면 함경, 강원, 그 다음에는 평안도에서 모집을 해오는 것인데 그중에서도 경상남도가 제일 쉽습니다."라고 하는, 그들이 주고받는 대화를 통해 주인공은 일본인들의 간교한 술수에 넘어가 노동력을 착취 당하고 있는 우리 민족의 실상을 다시 한 번 확인한다.

실제로 당시에 일본은 노동 이민이라는 명분 아래 한국인을 만주 등지로 이주시키거나 일본 내의 철공소, 광산 등지의 위험한 일에 많은 인력을 투입시켜 폭력적인 강제 노동에 시달리게 하였다.

주인공은 일본인들이 한국인을 비하하는 말을 하며 비웃고 있을 때도 치밀어 오르는 분한 마음을 참기 힘들어 한다. 그러나 그는 그런 이야기들을 '될 수 있으면 많은 조선 사람들이 듣고, 오랜 몽유병에서 깨어날 기회를 주었으면 하는 생각을 자아낼 뿐'이라고 여긴다. 그는 그와 같은 일본인들의 태도가 오히려 한국 사람들에게 반감을 불러일으킬 것이고 그것은 한국인들에게 민족적 타락에서 자신을 구해야 한다는 자각을 주는 원동력이 될 것이라고 믿는다.

실제로 한일합방 이후 일본은 한국을 대륙 침략의 전초 기지로 만들었는데, 작가는 이를 '곡괭이질, 부삽질에 도로가 뚫리고 차들이 달렸'으며 '우편국이 들어와 앉고 헌병 주재소가 들어서는' 것으로 그리고 있다. 이어 작가는 주인공을 통해 일본의 한국에 대한 경제 침략상을 신랄하게 고발한다. 한일합방 후 일본은 한국에 식료품이나 술, 담배 등 사치품과 기호품을 수출하였는데, 이것을 이 소설에서는 한국인들이 비싼 음식을 사 먹고, 전기료, 신문 대금, 담뱃값, 차비에 쪼들리다 못해 결국 집을 날려 버리게 되는 것으로 묘사하고 있다. 이들은 모두 한국을 상품 시장화한 일본의 경제 침략과 그것에 유린 당하고 있는 한국인에 대한 작가의 비판적 시각이라 할 수 있다.

또 이 소설은 도시에 거주하던 한국인들이 어떻게 일본의 노동 노예가 되었으며, 어떻게 그들이 삶의 터전에서 뿌리 뽑혔는지를 사실적으로 보여 주고 있다. 일제 강점기에 발표된 소설 중에는 일본의 토지

상점과 높은 소작료 징수로 인해 삶의 터전을 잃고 고향을 떠나 유리걸식하는 농민의 참상을 다루고 있는 작품이 다수 있다. 이태준의 〈꽃나무는 심어 놓고〉, 현진건의 〈고향〉과 같은 소설들이 그 대표적인 예이다. 농촌을 상대로 한 일제의 침략상을 다룬 이들 작품에 비해 상대적으로 도시를 대상으로 하여 일본의 경제 침략과 그로 인한 한국인의 비극과 고통을 다룬 작품은 의외로 찾아보기가 쉽지 않다. 그런 의미에서 〈만세전〉이 일본의 한국 도시인을 상대로 한 수탈과 착취의 실상을 고발하고 있는 작품이라는 것은 이 소설이 가지는 특별함이라 할 수 있다.

한민족의 부정적인 삶에 대한 자기비판

주인공으로 하여금 한국인을 짓밟고 빼앗는 일본보다 더 견딜 수 없게 만든 것은 그렇게 살아가고 있는 우리 민족의 삶과 그러한 생활을 영위하는 사람들의 자세였다. 그는 당시 한국인들이 공포, 가식, 굴복 등에 기대어 사는 것을 가장 유리한 생활 방식이자 현명한 처세술로 삼고 있다는 것을 느낀다. 그것은 당장 시달리지만 않는다면 어떤 수모도 감수하겠다는 듯한 사람들의 태도와, 일말의 자존심도 찾아볼 수 없는 체념적인 자세 그 자체에서 찾아볼 수 있다.

대대로 지켜 내려오던 제 고향의 집과 땅을 버리고 문밖으로 나가고 산으로 들어갈 수밖에 없는 상황에서도 모든 것을 '내 팔자소관이라는 값싼 낙천주의나 단념'으로 돌리고 마는 그와 같은 태도는 숙명론에 바탕을 둔 것과 다름없다. 그런 사고와 태도를 가진 사람은 어떤 곤경에 처했을 때 쉽게 체념하고 말아 그것을 그대로 받아들여 버리는 경우가 많다. 당시 강압 통치를 하는 일본은 교육을 통해 체념적·숙명적 태도를 우리 민족에게 심어 주었고, 주인공이 본 것은 바로 그렇게 길들여진 우리 민족의 실상이었다.

주인공의 시선을 통해 한국인에 대한 비판을 가하고 있는 작가는 체념으로 길들여진 동족의 삶의 태도를 꾸짖는 데 그치지 않고, 당시 사람들이 보여 주었던 기회주의적이고 이기주의적인 모습에 더 큰 질타를 가한다. 그것은 보통학교 훈도로 있는 형의 태도를 비판하는 데서 여실히 드러난다.

헌병 보조원에게마저 연신 굽신거리는 형은 이웃과 나라에 대한 격정보다는 오로지 자신의 안위와 이익만을 생각할 뿐이다. 형은 자기가 사는 곳이 머지않아 일본 사람 거리가 될 것이므로 조만간 자기 집을 비싼 값에 팔아버릴 것이라고 하고 있다. 이는 자신의 잇속을 챙기기 위해서라면 그 일대가 일본 사람 세상이 되어도 상관없다는 듯한 태도이다.

주인공의 아버지 역시 이기적인 인물로 묘사된다. 그의 아버지는 일선인(日鮮人)의 동화(同化)를 표방하고 귀족 떨거지들을 중심으로 하여 협잡배들이 모여서 바둑이나 장기로 세월을 보내고, 저녁 때면 술추렴이나 다니는 '동우회'에 드나들며 세월을 보내고 있다. 주인공이 보기에 그런 아버지의 행동은 노예의 삶과도 다를 바 없는 것이었다.

주인공을 우울하게 만드는 또 다른 요인은 게으름에 빠져 있고 구습에 얽매여 있는 우리나라 사람들의 생활 방식이었다. 그것은 '날만

새면 자리 속에서 담배를 피워 무는 것, 아침부터 술집이 번창하고 농지거리로 세월을 보내는 것, 주먹 없는 입씨름에 밤을 새고 이튿날에는 대낮에야 일어난다는 것' 등으로 묘사된다. 그에 더하여 '과학 지식이라고는 소댕 뚜껑이 무거워야 밥이 잘 무른다는 것조차 모른다는 것을 외국 사람에게 실물로 교육을 하였다'고 하고 있다. 결국 작가는 이러한 사실들을 통해 당시에 우리 동족이 일본인의 경시와 멸시를 사게 된 것은 우리 스스로가 그렇게 만든 결과임을 강조하고 있다.

그렇다고 해서 주인공이 결코 절망이나 염세에 머물러 있지만은 않다. 그는 앞으로 자신이 할 일은 진실한 삶을 찾는 것이라 함을 강조한다. 그것은 그가 일본의 단골 카페 종업원 시즈꼬에게 쓴 편지의, '나도 스스로를 구하지 않으면 아니 될 책임을 느끼고, 또 스스로의 길을 찾아가야 할 의무를 깨달아야 할 때가 닥쳐오는가 싶습니다.'라고 한 구절에 잘 나타나 있다. 여기서 그가 말하는 '진실한 삶'이란 우리 민족이 체념과 이기주의, 그리고 구습과 나태함에서 벗어나 노예의 삶이 아닌, 인간다운 삶을 살아가도록 하는 자기 나름의 노력을 상징하는 것이다.

특히 이 소설에는 인간에게 있어서 진실이란 무엇인가 하는 문제에 대한 작가의 진솔한 태도가 잘 드러나 있다. 아내가 위독하니 귀국하라는 전보를 받은 주인공은 부쳐져 온 우편환으로 돈을 찾고, 교수를 찾아가 기말 시험을 뒤로 미룬다. 그리고는 여행 준비를 하고 이발소에 가서 면도를 한 다음 단골 카페로 가서 술을 마신다.

이때 그는 '문제는 선도 아니요 악도 아닌 그 어름에다가 발을 걸치고 있는 것'이라고 생각한다. '죽거나 살거나 눈 하나 깜짝거리지도 않으면서 하던 공부를 내던지고 보러간다는 것이 위선'이라고 생각하며, '술 먹으러 오는 것을 무슨 큰 죄나 짓는 것 같이 망설이는 것부터 큰 모순'이라고 여긴다. 이에 더하여 '목숨 하나가 없어진다는 것과 내가 술을 먹는다는 것과는 별개 문제다. 그러면서도 내 처가 죽어 가는데 술을 먹다니? 하는 오죽지 않은 양심이 머리를 들지만 그것은 진정한 양심이라기보다도 관념이란 가면이 목을 매서 끄는 것이다. 사람은 관념의 노예가 되는 수가 많다. 가식의 도덕적 관념에서 해방되는, 거기에서 참된 생명을 찾는 것이다.'라고 한다.

작가는 이와 같은 주인공의 생각을 통해 사회의 윤리나 도덕이 강요한 가식이 아닌, 거짓 없는 인간의 진실을 보여 주려 한다. 이와 같은 면이 인간의 진면목이라고 말하는 작가의 목소리에는 인간의 전면적 진실이 잘 드러나 있는데, 이는 작가가 인간 삶의 진상을 가감 없이 제시하고 있는 것이라 해도 손색이 없을 것 같다.

이상에서 살펴본 바와 같이 염상섭의 중편소설 〈만세전〉에는 작가가 전달하고자 하는 메시지가 상당히 강하고 뚜렷하게 드러나 있다. 그것은 일본의 한국에 대한 반역사적이고 반인륜적인 식민 통치의 실상과 그것에 대한 고발이라 표현할 수 있겠다. 이 소설은 거기에서 한 걸음 더 나아가 당시 한민족의 부정적인 삶에 대한 자기비판을 통해 한국인의 삶의 지향점을 제시해 주고 있기도 하다.

참고 자료

염상섭 저, 김경수 편, 『만세전』, 문학과지성사, 2005.

권영민 편, 『염상섭 문학 연구』, 민음사, 1987.

김윤식 편, 『염상섭』, 문학과지성사, 1977.

문학사와비평연구회, 『염상섭 문학의 재조명』, 새미, 1998.

이기백, 『한국사신론』, 일조각, 1989.

이상진 외, 『한국근대작가론』, 한국방송통신대학교출판문화원, 2015.

정한숙, 『한국현대작가론』, 고려대학교 출판부, 1981.

가치가 전도된 세상에서의 자아 회복

이상의 〈날개〉

한국 현대문학사에서 작가 이상(李箱)은 그동안 숱한 논란의 대상이 되어 온 화제의 인물이다. 창백한 얼굴에서 풍기는 특이한 외모, 생활이나 문학 등 거의 모든 면에서 기이한 면모를 보일 뿐 아니라 천재성을 가진 의문의 인물로 거론되는 그는 파란만장한 일생만큼이나 문학 세계도 난해하기로 알려져 있다.

1910년 한일합방이 되던 해에 태어난 이상은 1937년까지 27년이 채 안 되는 짧은 생을 살다 갔다. 문학뿐만 아니라 여러 방면에서 다양한 재능을 타고난 그는 1929년 경성고등공업학교 건축과를 졸업하고 조선총독부 내무국 건축 기사로 근무하였다. 조선총독부에서 근무하던 당시 그는 서울 동숭동에 있던 서울대학교 교양학부 건물과 전매청 청사의 설계를 맡기도 하였다.

또 조선건축회에서 발행한 『조선과 건축』의 표지 도안 공모에서 그가 그린 그림이 각각 1등과 3등을 차지하였으며, 1931년 제9회 선전(鮮展)에 출품한 서양화 〈자화상〉이 입선되는 등 그는 미술계에서도 큰 두각을 나타내었다. 그 후 박태원의 작품 〈소설가 구보씨의 일일〉의 삽화를 직접 그리기도 하는 등 건축 방면뿐만 아니라 회화 부문에서도 뛰어난 재능을 보였다.

문학인으로서의 그의 작품 활동은 1930년 조선총독부 기관지 『조선(朝鮮)』에 소설 〈12월 12일〉을 9회에 걸쳐 연재함으로써 시작되었다. 그 이듬해에는 『조선과 건축』에 시 〈이상한 가역반응〉을 게재함으로써 시인으로서의 출발을 알리기도 하였다. 그러던 그가 문단에서 주목 받기 시작한 것은 1934년 『조선중앙일보』에 시 〈오감도〉를 연재하면서부터이다.

그의 작품 경향은 기존 작가들이 보여 주었던 문학 형식과는 판이하게 달라서 그의 등장은 문단에 큰 충격을 가져다 주었다. 그리하여 30회 연재 예정으로 시작하였던 〈오감도〉는 독자들로부터의 강력한 항의로 인해 15회로 연재가 중단되고 마는 초유의 사태까지 발생시켰다. 이후 그는 〈날개〉를 비롯하여 〈지주회시〉, 〈봉별기〉, 〈종생기〉 등의 작품을 지속적으로 발표하면서 자신만의 독특한 문학 세계를 형성해 나갔다.

무엇보다 그가 발표한 대부분의 작품에는 전통이나 관습, 일상적인 것을 파괴한 반역적인 면모가 뚜렷하게 드러나 있다. 띄어쓰기를 무시하는 한편, 당시에는 이미 일상적으로 통용되었던 한글 전용 관행에서 벗어나 작품에서 과감하게 국한문을 혼용한 것이 대표적인 사례이다. 문체에 있어서도 문어체로 회귀하는 역행적인 현상을 보였으며,

문학의 전달 수단은 언어라는 기존의 인식에서 벗어나 기호나 도표, 숫자, 공식 등을 차용하는 대담함과 파격적인 면모를 보여 주었다.

이와 같은 특이성은 문학에서뿐만 아니라 개인적인 이력에 있어서도 마찬가지였다. 원래 이상의 본명은 김해경(金海卿)이다. 그런 그가 1932년 『조선과 건축』에 시 〈건축무한육면각체〉를 발표하면서 처음으로 이상(李箱)이라는 필명을 사용하였다. 그가 이상이라는 필명을 사용한 데 대해서는 그동안 여러 가지 이견(異見)이 존재해 오고 있다.

가장 보편적으로 알려진 것은 총독부 건축 기사 시절, 공사장에서 인부가 그의 성을 이씨인 줄 잘못 알고 '이상'이라고 부른 것을 그대로 받아들였다는 설이다. 그밖에도 그가 이름을 바꾼 것은 일종의 스캔들을 일으키고자 하는 다다적인 행위라는 견해를 비롯하여, 자아의 억압에 억눌려 위기를 느낄 때 요구되는 자아 변형의 욕구에서 비롯된 것이라는 등의 다양한 주장이 제기되고 있다. 아무튼 증조부가 정삼품(正三品)이었던 양반 가문에서 태어난 그가 이름을 버린 것, 그것도 성을 바꾼 것은 특이한 일이 아닐 수 없다.

이름뿐만 아니라 행적에 있어서도 마찬가지이다. 조선총독부 근무 시절 그는 결핵을 앓았다. 병세가 극도로 악화되자 총독부 기사 직을 사임하고 온천으로 요양을 가게 되는데 거기에서도 술과 이성 관계가 끊이지 않는 문란한 생활을 지속하였다. 이후 그는 1937년, 일본 도쿄에서 불령선인(不逞鮮人)으로 지목 받고 사상 불온 혐의로 구속되기에 이른다. 그 무렵 건강이 더욱 악화되어 병원으로 옮겨졌으나 결국 27세의 젊은 나이로 그는 세상을 떠나고 말았다.

이와 같은 특이한 이력을 가진 이상은 자신의 생애와 마찬가지로 문학 세계 또한 일상적인 것을 거부한 반역적인 면모를 뚜렷하게 보여 주고 있다. 현재 그의 문학에서 볼 수 있는 반역성이나 우연성은 그의 문학을 난해한 것으로 규정 짓는 하나의 요인이 되고 있는데, 그의 생애와 작품에서 보여 주는 이와 같은 성격은 당시 일본을 통해 우리나라에 유입된 초현실주의(sur-realism)의 영향에서 비롯된 것으로 보인다.

문학에 있어서 우연성과 무의식의 세계를 중요하게 여기는 초현실주의는 1920년대에 일본에 소개되었는데, 그것이 이상에 의해 우리 문학계에 도입되었다. 이상은 그와 같은 초현실주의의 영향을 받아 작품에서 기성 사상에 대한 반역을 드러내는가 하면, 꿈이나 무의식에 의존하는 자동기술법과 같은 새로운 기법을 문학에 원용하였던 것이다.

화제를 불러 일으킨 독특한 기법

이상의 〈날개〉는 초현실주의 경향을 띤 대표적인 소설로, 1936년 『조광(朝光)』 9월호에 발표된 작가의 대표작이다. 당시에 이 소설은 발표가 되자마자 찬사와 비판이 동시에 쏟아져 큰 논란의 대상이 된 화제작이자 문제작이었다.

논자에 따라 이 소설을 리얼리즘 소설로 보는 시각이 있는가 하면, 비리얼리즘적인 알 수 없는 소설로 보는 견해도 존재한다. 또 도착적(倒錯的) 성 문학, 넋 빠진 작가가 자신의 넋을 찾아 자의식의 피안 지대를 방황한 글, 사춘기의 습작에 불과한 작품이라는 등 그 해석이나 평가가 비평가에 따라 크게 엇갈리고 있다.

그럼에도 불구하고 이 소설은 발표 이후 오랜 세월이 흐른 지금까지도 많은 독자를 확보하고 있고, 다양한 시각에 의한 연구물들이 쏟아져 나오고 있다. 이러한 사실은 이 소설이 비록 독자들에게 익숙한 형태의 작품은 아닐지라도 한 편의 '현대적 고전'의 반열에 오를 만한 작품임을 입증해 주는 것이라 하겠다. 그렇다면 〈날개〉는 과연 무엇을 말하고 있는 소설인가에 대하여 구체적으로 살펴보기로 하자.

〈날개〉는 어느 사창가 창녀와 그녀의 남편에 관한 이야기이다. 주인공 '나'는 창녀에 얹혀 구박을 받으며 살아오다가 더 이상 이런 무기력하고 굴욕적인 삶을 살 수는 없다고 생각하고 결국에는 거기에서 뛰쳐나오고 만다는 내용으로 전개되는 소설이다.

우선, 이 소설은 인간의 내적 현실을 펼쳐 보여 주고 있는 작품이라는 점에서 한 편의 심리주의 소설이자, 자기의 의식을 서술하고 있다는 점에서 자의식 소설로 볼 수 있다. 얼핏 보기에는 굉장히 난해한 작품으로 비추어질는지 모르겠으나 한 비평가가 지적한 바와 같이 한자를 섞어 쓴 머리말 부분을 빼고 보면 플롯 전개가 일관성을 지니고 있다.

소설의 시작에서 결말에 이르기까지 주인공의 이야기를 한 줄거리로 엮고 있으며 전후의 전개가 크게 뒤바뀌거나 모순을 일으키지 않는다는 점에서 관습적 형태(conventional form)를 띠고 있는 작품이라 할 수 있다. 곧 이 소설은 시간 순서가 복잡하게 얽혀 있는 작품도 아니고 사건의 추이를 종잡기 어려운 혼란스러운 소설도 아니다.

그럼에도 불구하고 이 작품은 지금까지 많은 사람들에 의해 난해한 소설로 인식되고 있다. 그와 같은 생각은 〈날개〉가 무조건 어려운 소설이라는 선입견과, 이 소설의 머리말을 제대로 이해하지 않고 읽었기 때문이 아닌가 한다. 따라서 이 소설에 대한 보다 정확한 이해를 위해서는 머리말에 대한 내용 파악이 선행되어야 할 것으로 보인다.

소설에서 머리말이란 작품의 첫머리에 내세운 글을 말한다. 일반적으로 머리말을 다른 사람의 말에서 빌려 왔을 때는 'foreword'라 하고, 작가 자신이 직접 한 말일 때는 'preface'라 한다. 〈날개〉의 머리말은 'preface'에 해당되는데, 여기에는 작가의 문학 사상의 일단(一端)이 피력되어 있다. 소설의 첫머리에서 작가 자신이 직접 무엇인가를 이야기한다는 것은 작품에 대한 예비 지식을 주는 안내의 역할을 한다. 말하자면 그것은 작품 해석의 길잡이라고도 할 수 있는 것이다. 따라서 〈날개〉에서 작가는 머리말을 통해 독자들에게 이 소설의 성격과 내용 전반에 대한 소개를 하고 있다.

그런데 이 소설의 머리말은 생략, 비유, 역설적인 표현 등으로 의미를 파악하기가 상당히 어렵게 되어 있다. 이 머리말에는 '꾿빠이'라는 인사말이 무려 네 번이나 등장하고 있어 더욱 독특한 면모를 보여 준다. 이 반복되는 인사말은 작가의 계산된 의도에 의한 것으로 파악되는데, 이때 작가의 의도란 바로 독자의 호기심을 유발하려는 것이다. 독자는 이 머리말에서 어떤 충격을 받거나 혼란을 느끼지 않을 수 없다. 따라서 이 낯설음과 난해함은 단번에 당시의 문단과 독자들 사이에 화제를 불러 일으켰고, 그것으로 그의 의도는 충분히 성공을 거둔 셈이 된다.

'박제(剝製)가 되어버린 천재(天才)를 아시오?'로 시작하여 '꾿빠이'로 끝나고 있는 머리말은 크게 세 부분으로 분절된다. 첫머리에서 언급한 '박제가 되어 버린 천재'는 작가 자신을 일컫는 말이다. 당시 작가는 신학문을 공부한 엘리트였으나 시대 상황, 신병, 경제적 여건 등 여러 가지 요인으로 인해 낙백(落魄)한 처지에 놓여 있다. 이로써 볼 때 이 소설은 작가 자신의 이야기를 담고 있는 자전적인 작품이라는 사실을 유추해 볼 수 있다.

그런 자신이 백지 위에 '위트와 패러독스를 바둑포석(布石)처럼 늘어 놓'는다는 것은 자신이 할 일은 오직 기지와 역설의 글쓰기뿐이라는 사실을 의미한다. 거기에 이어 '여인과의 생활을 설계'한다고 한 것은 이 소설에 한 여성이 등장한다는 의미로 이해된다. '일종의 정신 분일자(奔逸者)'로 '지성(知性)의 극치(極致)를 흘깃 좀 들여다 본 일'이 있다고 한 부분은 이 소설이 자의식을 분석, 서술한 소설임을 말해 주는 것이다. 또 '여인의 반만 영수(領受)'한다는 것은 남자 주인공이 아내의 반을 다른 남자들에게 내맡겨 버리고 있다는 뜻으로 해석할 수 있다.

그에 덧붙여 작가는 '그런 생활 속에 한 발만 들여 놓고 흡사 두 개의 태양처럼 마주 쳐다보면서 낄낄'거린다고 하고 있다. 이때 두 개의 태양이란 분열된 자아를 의미하는 것으로, 작가는 앞으로 전개될 내용이 자아 분열자의 자조적인 이야기임을 말해 준다. 그러면서 이 소설에 대한 소개를 끝낸다는 뜻으로 '굳빠이'라고 인사를 한다.

이어지는 머리말의 두 번째 부분에서 작가는 '싫어하는 음식을 탐식(貪食)하는 아이러니를 실천해 보는 것도 좋을 것 같다'고 하고 있다. 이 말은 안이한 재미만 주는 소설이 아닌, 난해한 내용을 통해 쉽게 이해되던 기존의 소설에서 얻지 못한 새로운 재미를 이 소설에서 찾을 수 있을 것이라는 의미를 전해 주고 있다.

'그대의 작품은 한 번도 본 일이 없는 기성품에 의하여 차라리 경편(輕便)하고 고매(高邁)하리라.'고 하고 있는 부분에서는, 이와 같은 소설은 독자들은 아직 접해 보지 못한 유형이지만 다른 곳에서는 이미 오래 전부터 읽혀 온 소설로 고급한 문예 작품이라 함을 말하고 있다. '19세기는 될 수 있거든 봉쇄(封鎖)'하라는 말 역시 구태의연한 소설은 이제 그만 읽는 것이 좋지 않겠느냐는 뜻으로 말한 것이다. 그러면서 도스토예프스키의 소설은 깊은 영혼의 탐색으로 독자에게 지나치게 시간과 정력을 강요하는 낭비에 속하고, 위고의 대중 취향적 소설 역시 읽을 것이 못 된다고 언급한다.

소설의 사소한 면 때문에 혼란을 일으켜서는 안 된다는 뜻을 밝히기 위해 그는 '디테일에 속아서는 안 된다'고 하고 있으며, 마지막에서 '테이프가 끊어지면 피가 나고 생채기도 머지않아 완치된다'고 표현하고 있다. 여기서 작가는 기존 소설과의 단절로 독자들이 혼란을 겪게 되겠지만 이러한 난해한 소설에도 곧 익숙해질 것이라는 자신의 생각을 전하고 있다. 그리고는 덧붙이는 말이 끝났다는 의미로 또 한 번 '굳빠이'라고 인사를 한다.

머리말의 세 번째 부분은 또 한 가지 잊은 것을 말한 일종의 추가 기록과도 같다. 작가는 마지막 부분에서 그의 현실 인식을 드러내고 있는데, 그는 여기에서 자신의 세상을 보는 안목을 규정하고 있다. 그것은 당시의 현실이 마치 '제 남편을 잡아먹는 악처'와 같은 현실임을 말해 주는 것으로 드러난다. 다시 말해 이 시대는 주객이 전도된 모순에 찬 현실로, 이는 악처가 가정을 짓밟는 것과 같은 거꾸로 뒤집힌 세계라 함을 작가가 상징적으로 표현하고 있는 것이라 하겠다. 그러면서 마지막으로 다시 한 번 더 작별 인사를 한다.

이상과 같이 〈날개〉의 머리말에는 이 소설이 의미하는 바가 무엇인지 그 방향이 제시되어 있으므로 독자는 머리말의 안내를 염두에 두고 작품을 읽어나가면 작가가 궁극적으로 말하고자 하는 바에 쉽게 도달할 수 있을 것이다.

잘못된 세상에 대한 정상 회복 촉구

머리말에 이어 〈날개〉의 본문을 읽으면서 발견하게 되는 독특한 점은 구성에 관한 문제이다. 그것은 주인공의 외출이 여러 번 반복되어 하나의 패턴을 이루고 있다는 사실이다. 패턴이란 하나의 소설을 전체적으로 통일시키는 미적 양식으로, 플롯 속의 사건들이 되풀이되면서 의미 있는 반복을 이루는 형식을 뜻한다.

주인공 '나'는 모두 다섯 번에 걸쳐 외출을 한다. 따라서 주인공의 이러한 반복적인 행동을 통해 이루어진 패턴의 효과와 그 의미를 파악하면 이 소설이 의미하는 핵심에 이를 수 있을 것이다. '나'는 첫 번째 외출에서 아내가 준 돈 5원을 가지고 밖에 나갔다 돌아온다. 돈의 기능을 모르는 '나'는 그것을 그대로 가지고 일찍 들어오다가 아내와 낯선 남자가 앉아 있는 것을 본다. 그 뒤 '나'는 돈 5원을 주고 아내의 방에서 잠을 잔다.

두 번째 외출에서 '나'는 바지 주머니에서 발견된 2원을 가지고 나가 자정을 넘기고 들어오다가 아내와 남자가 대문간에서 이야기하고 있는 것을 본다. '나'는 아내에게 2원을 주고 아내의 방에서 자고 이튿날 아내와 겸상으로 밥을 먹는다.

세 번째 외출에서는 아내가 돈을 주면서 늦게 돌아와도 좋다고 한다. 그러나 비가 오고 날씨가 추워서 '나'는 자정을 넘기지 못하고 돌아온다. 그런데 아내가 덜 좋아할 것을 그만 보고 만다. 그 뒤에 아내가 감기약이라고 주는 약을 받았는데 그것이 수면제 아달린이라는 사실을 뒤늦게서야 알게 된다.

네 번째는 낮에 외출을 한다. '나'는 남은 아달린 6알을 가지고 나가 공원에서 그것을 다 먹고 깊은 잠에 빠진다. 잠에서 깨어 집으로 들어가다 '나'는 절대로 보아서는 안 될 장면을 보고 만다. 아내는 '나'의 멱살을 잡고 함부로 물고 때리고 꼬집는다. 그리고 마지막으로 '나'는 주머니 속에 남아 있는 돈을 모두 꺼내어 두고 그 집에서 아주 나와 버린다.

이 소설에는 '나'의 외출이 되풀이됨에 따라 주변에서 여러 가지 변화가 일어나고 있다. 가장 먼저, 외출을 통해 '나'는 아내의 정체를 알게 된다. 그동안 아내의 직업이 무엇인지 모르고 있던 내가 네 번째 외출에서 귀가하면서 아내가 창녀라는 사실을 알게 된다. 다음으로 외출이 되풀이됨에 따라 '나'와 아내의 관계가 점차 변화하고 있다. 처음에 '나'는 아내에 의해 사육 당하는 존재와도 같았으나 외출을 시작하고부터는 점차 남편의 자리에 서려 한다.

외출을 통해 '나'는 차츰 광명을 지향하고 있다. 33번지 햇빛이 들지 않는 골방에서 밝은 거리로 나오는 것에서 그러한 사실을 확인할 수 있다. 밤에만 하던 외출이 나중에는 낮에 하는 것으로 변화되고 있다는 점에서도 그것을 알 수 있다. 외출이 반복되면서 낮은 곳에서 점차 높은 곳을 지향하고 있는 것도 마찬가지이다. 네 번째 외출에서는 산으로 올라가고, 마지막 외출 때에는 미스코시 옥상으로 올라가는데, 이는 주인공의 정상을 회복하려는 의지를 상징적으로 보여 주는 것이다.

뿐만 아니라 외출이 되풀이됨에 따라 사물들이 점차 본래의 기능을 회복하고 있다. 처음에 '나'는 돋보기로 햇빛을 모아 그것을 휴지에 불을 붙이는 노리개로 사용한다. 유통 수단인 돈 역시 만지는 촉감을 즐기고 저금통에 넣을 때 나는 소리를 듣는 장난감으로 가지고 논다. 거울 또한 자신을 비추어 보는 것에 쓰기보다 반사광 쫓기의 놀이에 쓸 뿐이다.

그러던 주인공이 돈으로 커피를 사 마시고 거울에 비친 자기를 보고 자신의 참담한 현실을 깨닫는다. 이는 외출이 되풀이됨에 따라 사물이 점차 제 용도에 쓰이기 시작한다는 사실을 알려 주는 것이기도 하다. 이는 '나'의 주변 세계가 차츰 정상을 되찾게 됨을 암시하는 것이다. 특히 거울을 보고 자신을 직시함으로써 자아를 인식하는 데에 이르는데 이때 거울은 자기 분열이 아닌 자기 응시의 도구로 이 소설에서 중요한 역할을 한다.

마지막으로 외출의 되풀이에 의해 분열되어 있던 자아가 통일되어 간다. 그것은 사육 당하는 존재로 살았던 '나'와 인간다운 삶을 찾고자 하는 '나', 분열되어 있던 내가 밝은 세상의 본래의 '나'로 회복하려 하는 것으로 드러난다. 수면제를 먹고 죽음과도 같은 잠에 빠져든 '나'는 잠에서 깨어나자 비로소 본래성을 회복하기에 이른다.

이 소설의 마지막 장면에서 작가는 매우 상징적인 의미를 제시한다. 소설 말미의, '뚜우 하고 정오 사이렌'이 울리는 부분에서 정오는 시계의 시침과 분침이 겹쳐져 하나가 되는 시간을 의미한다. 사이렌이 울리는 순간 '나'는 비로소 미망(迷妄)에서 깨어나 본래의 통일된 자아를 회복하고 전도(顚倒)된 세계는 바로 잡혀 정상을 되찾게 된다. 따라서 이때 정오를 알리는 사이렌은 분열되어 있던 자아의 통일을 상징하는 것으로 볼 수 있다.

이어 주인공은 '날자. 날자. 날자. 한 번만 더 날자꾸나. 한 번만 더 날아 보자꾸나.'라고 한다. 이는 폐쇄되고 어두운 방에서의 탈출이자, 분열된 자아가 하나로 통일되어 새로운 탄생을 하게 되는 부활을 의미한다. 이는 당시의 잘못된 세상의 정상 회복을 촉구하는 작가의 목소리로 읽을 수 있다.

이상에서 살펴본 바에 의하면 〈날개〉는 비본래적인 자아가 본래적 자아를 찾아 자아의 통일을 이루는 과정을 보여 주는 소설로, 작가가 살아가는 현실에 대한 비판과 함께 정상 세계로의 복귀의 당위성을 주장하는 한 편의 수준 높은 문예 작품이라 할 수 있다.

참고 자료

이상,『날개』, 문학과지성사, 2005.
고은,『이상평전』, 향연, 2003.
김용성 · 우한용 공편.『한국근대작가연구』, 삼지원, 2001.
김주현,『실험과 해체: 이상 문학연구』, 지식산업사, 2014.
김중하 편저,『소설의 이해』, 세종출판사, 1997.
김천혜,『소설구조의 이론』, 문학과지성사, 1990.
이승희 편저,『이상』, 문학세계사, 1993.
장양수,『한국현대소설작품론』, 국학자료원, 2008.

허황된 욕망이 부른 참화(慘禍)

이태준의 〈복덕방〉

1925년『시대일보』에 단편소설 〈오몽녀(五夢女)〉를 발표함으로써 본격적인 소설가로 출발한 상허(尙虛) 이태준은 1930년대 '구인회'의 주요 구성원으로 주목할 만한 활동을 해왔다. 한국 순수문학에 있어서 소설계를 대표하는 최초의 기수이자, 한국 문학사에서 김동인이나 현진건의 뒤를 이은 가장 뛰어난 단편소설 작가로 평가 받아 온 그는 현재 근대적 단편소설의 완성자로 자리매김되어 있다. 시대의식에 누구보다 민감했던 그는 순수한 서정성을 작품에 형상화시킨 작가, 인물 묘사의 탁월함을 보여 주고 선명한 인간상을 창조한 작가, 언어적 측면에 치중한 기교적 작가라는 등 그동안 비평가들로부터 수많은 찬사를 받아 왔다.

〈오몽녀〉, 〈고향〉, 〈가마귀〉 등 그가 남긴 대표적인 단편소설에서 볼 수 있듯이 이태준은 등단 초기에는 주로 문학의 예술성 추구에 주력하였다. 그러나 일제 강점기 시대 상황이 점차 악화됨에 따라 〈황진이〉, 〈왕자호동〉과 같은 장편 역사소설이나 〈사상의 월야〉 등 신변 한담(閑談)으로 기울어지는 작품을 창작해 나갔다.

일제 말기에 이르러 시대 상황이 더욱 경화되자 결국 그는 체제에 순응하는 대일 협력적인 성격을 띤 〈농군〉과 같은 단편소설을 발표하는가 하면, 조선문인협회 등의 친일 단체 활동에 적극적으로 관여하기도 하였다. 해방 이후에는 좌익 계열 작가들과 어울리면서 조선문학가동맹의 부위원장을 맡는 등 활발한 활동을 펼쳐 갔다. 그러던 그가 1946년 홍명희와 함께 돌연 월북함으로써 우리 문단에서는 영원히 자취를 감추고 말았다.

월북 이후 그는 북한에서 한동안 지속적으로 문필 활동을 전개하였다. 그러나 일제 강점기에 '카프(KAPF)'를 반대하는 '구인회'를 조직하여 혁명 노선에 반대하는 죄악을 범했다는 이유로 혹독한 비판을 받고는 끝내 숙청 당하고 만다. 숙청 후에는 신문사 인쇄공, 콘크리트 블록 공장의 노동자로 일했다고 전해지며, 한때 대남 심리전 소설을 쓰는 비밀 작가로 활동했다고도 알려져 있다. 그러나 결국 강원도 장동 탄광지구로 재추방된 그는 거기서 생을 마감한 것으로 전해진다.

이렇듯 파란만장한 생을 살아온 작가 이태준은 월북 이전까지만 하더라도 소설, 수필, 희곡, 동화, 평론에 이르기까지 다양한 장르에 걸쳐 수많은 작품을 남겼다. 그가 남긴 여러 작품 중 이 글에서 살펴볼 〈복덕방〉은 1937년 2월 『조광(朝光)』에 발표된 이태준의 대표적인 단편소설이다.

이 작품은 그 후 『가마귀』(한성도서, 1937. 8), 『이태준단편선』(박문출판사, 1939), 일문판 『복덕방』(일본사, 1941), 『복덕방』(을유문화사, 1947) 등의 단편집과 다수의 소설 선집에 재수록된 바 있을 정도로 이태준의 여러 작품 가운데 원숙한 기량을 선보인 작품으로 평가 받고 있다.

파행적 근대화가 불러온 비극

복덕방에는 한말 훈련원의 참의를 지냈던 복덕방 주인 서참의, 과거에 한밑천 잡은 경력이 있지만 지금은 딸에게 생활을 의존하며 지내는 몰락한 양반 안초시, 그리고 복덕방에 자주 나오는 박희완이라는 세 노인이 있다.

안초시는 그동안 여러 차례에 걸친 사업 실패로 매우 궁색한 처지에 놓여 있다. 그래서 그런지 그의 관심은 오로지 경제적인 재기에만 있다. 안초시는 어느 날 박희완 노인으로부터 부동산 투기에 관한 정보를 듣고 딸 안경화에게 투자를 권유하여 일을 추진한다. 그러나 또다시 일은 실패로 돌아간다. 이 일로 말미암아 안초시는 심적 타격을 받고 급기야 음독자살을 하고 만다. 서참의는 자기의 입신양명에만 혈안이 되어 있는 안경화에게 아버지의 장례를 성대하게 치를 것을 강압적으로 요구하여 호화로운 장례식을 치른다. 그러나 장례식에 참석한 서참의와 박희완 노인의 마음은 어둡기만 하다.

이와 같은 내용으로 구성된 〈복덕방〉은 1930년대 경성 외곽의 어느 복덕방을 배경으로 하여 땅 투기와 그 음모에 빠져 파멸하는 한 노인의 삶을 묘사하고 있는 소설이다. 작가는 이 같은 내용을 통해 근대화 과정에서 소외된 사람들의 궁핍함과 좌절감을 잘 그려 보여 주고 있다. 당시는 만주사변을 일으킨 일제가 점차 전시(戰時) 체제로 정책을 옮겨가면서 한반도를 대륙 침략의 병참 기지로 적극 활용하였던 시기였다. 말하자면 그 무렵은 토지 및 재산 수탈 등 일제의 우리 민족에 대한 탄압이 갈수록 강화되던 때였다.

이런 시대 상황으로 인하여 1930년대 조선은 일본의 식민지 수탈 정책의 희생물이 될 수밖에 없었고, 희망이 보이지 않는 현실에서 도시의 소시민은 절대 빈곤의 상황으로 전락하게 되었다. 작가는 이 소설에서 국권을 상실한 시대에 붕괴되어 가는 당시의 현실을 쇠락한 노인들의 삶을 통해 사실적으로 그려내고 있다.

〈복덕방〉에서는 서참의, 박희완, 안초시 세 노인과 함께 안초시의 딸 안경화라는 인물을 중심으로 사건이 전개된다. 각각의 등장인물들은 당대를 살아가는 사람들에 대한 보편성을 지니는 동시에 개성적인 면모를 뚜렷하게 보여 준다. 그것은 과거의 처지로 돌아가고자 하는 욕망을 지니고 있는 전근대를 상징하는 세 노인과 근대화된 문명을 상징하는 안경화라는 인물을 대비적으로 제시하는 가운데 이루어지고 있다.

세 노인 가운데 서참의는 구한말 훈련원 참의로 봉직하던 무관이었으나 현재는 거간꾼 노릇을 하고 있는 인물이다. 그는 과거, 해산당한 군인들의 상당수가 을사의병의 각 부대에 편입되어 세력을 넓혀 가며 의병 투쟁을 가속화시켰을 때 일제의 통치가 점차 가열해지자 그저 현실에 순응하며 복덕방을 차려 운영하고 있다. 한때의 호경기에 편승하여 많은 돈을 벌어 집과 땅을 장만하고 이제는 먹고 사는 데 별 불편을 느끼지 않게 된 서참의는 그럼에도 불구하고 혈기 있던 지난날에 대한 비감(悲感)을 가슴 깊이 간직한 채 살아간다.

그에 비해 박희완 노인은 좀 더 적극적으로 현실을 변화시키려는 인물이다. 그는 복덕방에 자주 나오는 서참의의 친구로서, 재판소에 다니는 조카를 빌미로 대서업을 하겠다고 일본어 공부를 하고 있지만 번번이 일은 성사되지 못한다. 각기 상반된 성격으로 인해 불화가 그치지 않는 서참의와 안초시 사이에서 두 사람 관계를 중재하는 역할을 하는 그는 어느 날 관변 유력자로부터 흘러 나온 부동산에 관한 정보를 듣고 그것을 안초시에게 알려 준다.

안초시는 그동안 수차례에 걸친 사업 실패로 인하여 지금은 서참의의 복덕방에 나와 소일하는 처지이지만, 어떻게든 큰돈을 마련하여 남은 인생을 떳떳하게 살아보고 싶어 하는 자존심 강한 노인이다. 안초시는 세 노인 가운데 현실을 변화시키고 옛 영광을 누리고자 하는 야심이 가장 큰 인물로, 딸을 부추겨 부동산 투기에 나서보지만 그것도 결국 실패로 돌아가고 만다.

안 초시는 돈의 비정한 논리가 관철되는 새로운 사회 질서에 가장 예민한 인물이자 돈에 대한 욕망 또한 강한 사람이다. 이때 욕망을 돈의 논리와 관련된 자본주의 문명사회에 대한 상징으로 파악한다면 안초시는 철저히 속물적인 인간이라 할 수 있다. 또 그는 현대무용을 하는 딸을 남에게 자랑거리로 여기며 새로운 문화나 현대적인 것에 철저히 적응하고 싶어 하는 성격의 소유자이다. 그런 점에서 볼 때 안초시는 실제로는 낡은 존재이면서 새로운 것만을 꿈꾸다 패배하고 마는, 비극적인 운명을 상징하는 인물로 파악될 수 있다.

이 소설에 등장하는 세 노인은 경제적으로 궁핍하며 외로운 말년을 보내고 있다는 점에서 공통적이다. 그들은 모두 사회의 그늘에서 소외 당한 인물들로, 작가는 전근대적 가치관을 대변하는 세 노인을 통해 식민지 근대화 과정에서 시대와 화합하지 못하는 소외된 계층의 절망적인 상황을 극적으로 드러내고 있다.

이는 근대화의 물결에서 소외되어 더 이상 갈 곳에 없는 세 노인의 삶의 모습을 상징하는 '복덕방'이라는 공간을 통해서 잘 드러난다. 일제 강점기 우리 사회는 급속도로 근대적인 모습으로 변해 갔다. 근대화로 인해 생활방식과 의식주 문화도 크게 달라졌는데, 그러한 변화에 발맞추어 복덕방도 성행하게 되었다.

복덕방은 가옥이나 토지 같은 부동산을 매매하는 일이나 임대차를 중개하여 주는 곳으로 고려시대 이후의 객주(客主)와 거간(居間)에서 그 기원을 찾아볼 수 있다. 객주란 거래를 알선하는 일종의 위탁 매매업자를 뜻하는데, 객주 가운데 타인 간의 거래를 성립시키는 일을 '거간'이라 칭하였다. 거간은 취급하는 상품에 따라 여러 종류가 있었다. 그 가운데 조선 중기 이후부터 본격화된 가거간(家居間)과 가쾌(家儈)는 복덕방의 원형이라 할 수 있다.

가거간은 집과 토지를 비롯한 부동산의 매매, 임차 및 전당 등을 주로 중개하였고 이에 종사하는 사람을 '집주름'이라 불렀다. 1900년대 초에 많이 사용된 가쾌는 대도시의 집주름을 칭할 때 쓰던 말로, 이 가쾌들이 모여서 사무실을 차린 것이 바로 복덕방이었다. 따라서 화폐 경제의 급속한 발달로 상업이 성행하는 근대의 사회적 분위기 속에서 집을 사고파는 복덕방의 개념이 생기게 되었다고 할 수 있다. 이렇게 볼 때 복덕방은 전근대 사회에서 근대사회로 이행하는 과정 속에서 등장한 근대화의 부산물로 볼 수 있다.

초기의 복덕방은 대체로 노년층에 속하는 사람들이 모여 소일삼아 운영하였으나 사회가 변화됨에 따라 그와 같은 전통적인 역할에서 벗어나 주거의 매매를 통해 경제적인 의미를 지닌 장소로 점차 바뀌어 갔다. 봉건제도가 붕괴되어 가던 당시의 조선은 일본 제국주의 체제 하에서 합리성과 민주성이 제거된 상태에서 파행적으로 근대화가 진행되었다. 이러한 분위기 속에서 우리 사회는 모든 가치를 돈에 집약시키는 물신 숭배, 속물근성의 형태로 현현되는 물질 만능주의에 입각한 자본주의 경제가 그대로 이식되었다. 따라서 복덕방은 과거에 노인들이 소일 삼아 집을 알선해 주고 구전을 받던 전통적인 역할에서 벗어나 상업성과 투기성을 지니게 되었던 것이다.

이 소설에 등장하는 안초시의 딸 안경화는 당대에는 좀처럼 보기 드문 신여성이다. 동경으로 유학을 다녀온 그녀는 유명한 현대 무용가로, 세상과 충분히 교섭하면서 살아가는 인물로 그려진다. 그러나 사회적으로 대단한 명망을 떨치고 있는 그녀는 아버지에 대해서까지도 매우 타산적이고 몰인정하다. 아버지가 궁상스러운 행색으로 남의 복덕방에 드나들며 지내도 별반 관심을 두는 바가 없고, 오로지 자신의 입신을 위한 일에만 혈안이 되어 있다.

그런 그녀는 아버지의 제보로 자신의 무용연구소를 어느 신탁회사에 넣고 큰돈을 빌려 부동산에 투자하게 되지만 결국 큰 낭패를 당하고 만다. 그 일은 아버지를 죽음으로 몰고 갔으나 그녀는 오로지 자신의 명망이 훼손될 것을 두려워할 뿐이다. 그녀는 안초시의 죽음을 신고하려는 서참의의 바짓가랑이를 잡고 늘어지는 이기적이고 속물적인 면을 거침없이 보여 주기까지 한다. 아버지의 죽음을 보고도 자신의 명예만을 생각하는 그녀는 근대화에 잘 적응하고 있는 새로운 세대의 이기적인 면을 상징하는 인물처럼 묘사된다. 작가는 이 소설에서 근대성으로 상징되는 안경화를 시종일관 부정적으로 묘사함으로써 왜곡된 근대의 실체에 대한 비판적 시각을 보여 주고 있다.

이처럼 작가는 일제 강점기에 파행적으로 이루어진 근대화가 사회적인 변화만 초래한 것이 아니라 개인들의 의식에도 큰 변화를 가져오고, 이는 종국에는 가족 간의 파멸까지 초래할 수 있다는 사실을 보여준다. 이는 안초시의 무너져 가는 가족관계를 통해 여실히 드러난다.

안초시의 죽음은 비록 개인의 선택에 의한 결과이지만 궁극적으로 사회적 상황에서 그 원인을 찾을 수 있다. 자살에 대한 체계적 · 논리적 이론 정립을 최초로 시도한 프랑스 사회학자 에밀 뒤르켐(Emile Durkheim)에 의하면 자살은 개인적 · 심리적 차원이 아니라 사회적 원인에서 발생하는 것이라고 한다. 자살과 사회와의 관계에서 자살의 원인을 분석한 그는 자신의 저서 『자살론』에서 개인적 상황은 자살의 결정적인 원인이 될 수 없으며, 자살은 어디까지나 사회적 원인에 의한 결과라고 한 바 있다.

뒤르켐은 한 사회 안에 존재하는 관심과 교감의 밀도를 '사회의 통합 정도'라고 설명하였는데, 한 사회의 심리적 안전망은 '사회의 통합 정도'에 비례한다고 보았다. 그의 논리에 비추어 볼 때 안초시의 죽음은 극단적 상황에 이른 개인의 선택이지만 궁극적으로 사회적 타살에 가깝다. 안초시에게 극도의 좌절감을 안겨준 계기는 근대화 과정에서 파행적으로 드러나기 시작한 부동산 투기 열풍에서 비롯된 것이기 때문이다. 뒤르켐의 논리에 의하면 안초시가 자살하게 된 궁극적인 원인은 개인에 대한 관심과 배려를 소홀히 한, 느슨한 사회적 통합력에서 찾아볼 수 있다. 결국 이 소설에서 누구보다 자존심 강하고 재기의 욕망 또한 강했던 안초시가 스스로 목숨을 끊고 만 것은 일제에 의해 타율적으로 주입된 근대화 속에서 물질 중심의 비인간적인 모습으로 왜곡되어 나타난 파행적인 사회 환경이 그를 파멸로 몰아간 것이라 할 수 있다.

묘사의 탁월함과 아이러니 기법 구사

많은 비평가들이 이태준 단편소설에서 드러나는 묘사의 탁월함에 대해 극찬한 바 있듯이 〈복덕방〉 역시 인물과 배경, 그리고 상황에 대한 극적인 묘사가 두드러진다. 그것은 인물 묘사에서 특히 뚜렷하게 드러나는데 다음과 같은 대목이 대표적인 예이다.

"안초시는 주머니에 손을 넣어 그것을 집어내었다. 백통화 한 푼을 얹은 야윈 손바닥, 가만히 떨리었다. 서참의의 투박한 손을 생각하면 너무나 얇고 잔망스러운 손이거니 하였다."와 같은 장면이나, "초시는 전에 어떤 관상쟁이의 '엄지손가락을 안으로 넣고 주먹을 쥐어야 재물이 나가지 않는다.'"는 말을 생각하고 "늘 그렇게 쥐노라고는 했지만 문득 생각이 나 내려다 볼 때는 으레 엄지손가락이 얄밉도록 밖으로만 쥐어져 있었다."라며 자신의 행동을 책망하는 대목이 그것이다. 이러한 장면에서는 안초시가 현재 처하고 있는 초라한 상황을 예상

할 수 있다. 그것은 안초시가 누구보다도 강한 현실적인 욕망을 소유한 인물임을 유추해 볼 수 있게끔 한다.

더욱이 "'이놈의 엄지손가락아, 안으로 좀 들어가아, 젠장.' 하고 연습 삼아 엄지손가락을 먼저 안으로 넣고 아프도록 두 주먹을 꽉 쥐어 보았다. 그리고 당장 내어보낼 돈이면서도 그 십전짜리를 그렇게 쥔 주먹에 단단히 넣고 담배 가게로 나갔다."라고 안초시의 행동이 사실적으로 묘사되어 있는 장면은 독자들로 하여금 그가 처한 상황과 그의 성격을 충분히 짐작할 수 있게 만들어 준다.

인물 묘사뿐 아니라 빠르게 근대화되어 가는 도시 풍경 묘사에 있어서도 마찬가지이다. 작가는 이를, "심심해서 운동 삼아 좀 나다녀보면 거리마다 짓느니 고층건축들이요. 동네마다 느느니 그림 같은 문화주택들이다. 조금만 정신을 놓아도 물에서 가주 튀어나온 미어기처럼 미끈미끈한 자동차가 등덜미에서 소리를 꽥 지른다. 돌아다보면 운전수는 눈을 부르떴고 그 뒤에는 금시계줄이 번쩍거리는, 살진 중년신사가 빙그레 웃고 앉았는 것이다."라고 하여, 물질 문명이 만연해 가는 당시 시대 상황을 사실적으로 묘사함으로써 점차 소외되어 가는 안초시의 쇠락한 처지를 상대적으로 부각시키고 있다.

작가는 이 소설에서 근대화로 인해 부조리한 세상으로 변모되어 가는 현실을 아이러니의 기법을 통해 제시하고 있기도 하다. 흔히 반어라고도 하는 아이러니는 표면적 의미와 이면적 의미 사이에 괴리가 생기는 간접적인 표현 방식을 이르는 말로, 이는 다시 언어적 아이러니와 극적인 아이러니로 나누어진다. 언어적 아이러니는 말 자체에 반대가 되는 상황이 나타나는 것을 의미하며, 상황적 아이러니는 상황

전반에 아이러니가 나타나는 경우를 의미한다.

작가가 이 소설에서 보여 주는 아이러니 기법은 살아 있을 때는 안경다리 고칠 돈이 없어서 종이끈으로 안경을 묶어 다니던 안초시가 죽어서는 딸의 체면 때문에 호화로운 장례를 맞게 된다는 상황 설정에서 극명하게 드러난다. 살아생전 그렇게도 입고 싶어 하던 '털샤쓰'를 죽어서야 수의로 입게 되는 안초시의 주검 앞에서 서참의가 오히려 잘 죽었다고 말하고 있는 것 역시 전형적인 상황적 아이러니라 할 만하다.

그밖에도 이 소설에서 작가는 일반적인 소설에서 흔히 볼 수 없는 어휘를 많이 사용하고 있는데, 이와 같은 면도 이 소설이 가지는 독특한 일면이다. '오지', '쥐뿔', '쫌보', '달포' 등과 같은 순수하고 토속적인 순우리말 어휘를 다수 사용하고 있는 것이나, 가쾌(家儈), 거피(去皮), 골독(汨篤)과 같은 독특한 한자어가 그것이다. 또 작가는 날래(빨래), 미여기(메기), 메칠(며칠), 우(위)와 같은 강원도, 평안도, 함경도 등 각처의 방언을 다양하게 사용함으로써 독자들로 하여금 소설을 읽는 재미를 더해 주고 있다.

이상에서 살펴본 바에 의하면 이태준의 〈복덕방〉은 일제 강점기에 파행적으로 이루어진 근대화 과정에서 소외된 인물들이 처한 궁핍한 상황과 그들의 좌절감을 사실적으로 그린 소설이다. 이 작품은 작가 나름의 독특한 묘사와 기법이 섬세하게 활용됨으로써 내용과 표현의 양 측면에서 성공을 거두고 있는, 한국의 대표적인 단편소설이라 하겠다.

참고 자료

이태준, 〈복덕방〉, 『이태준전집 2』, 깊은샘, 1988.

민충환, 『이태준 연구』, 깊은샘, 1988.

상허문학회 지음, 『이태준 문학연구』, 깊은샘, 1993.

이기인 편, 『이태준』, 새미, 1996.

전흥남, 『한국 현대 노년소설 연구』, 집문당, 2011.

정현기, 『이태준-정치로 죽기와 작가로 서기』, 건국대학교출판부, 1994.

에밀 뒤르켐, 황보종우 옮김, 『자살론』, 청아출판사, 2012.

유한한 인생에서 발견한 불멸의 아름다움

이태준의 〈석양〉

우리 문학사에서 근대 단편소설의 완성자로 알려진 상허(尙虛) 이태준은 1904년 강원도 철원에서 태어나 일찍이 부모를 여의고 불우한 어린 시절을 보냈다. 친척집을 전전하던 그는 원산의 한 객줏집 사환으로 있을 무렵 해외 유학을 떠나자는 인척의 권유에 따라 중국 안동현으로 가지만 뜻을 이루지 못하고 2년 여에 걸쳐 방황하다가 경성에 정착하게 되었다.

1920년 배재학당에 응시하여 합격했으나 입학금이 없어서 등록하지 못하고 거리를 배회하던 그는 원산 객줏집에서 일할 때 안면이 있던 어떤 상인의 도움으로 야학 고등과에 입학하여 어렵게 공부할 수 있게 되었다. 휘문고등보통학교 재학 시절에도 성적은 우수했으나 학비 조달에는 늘 어려움을 겪었던 이태준은 그 무렵 위고, 투르게네프, 톨스토이, 괴테의 작품을 탐독하였다고 한다. 휘문고보 학예부장으로 활동하던 당시에 그는 각종 글을 교지에 투고한 바 있다.

1924년 휘문고보 재학 시에 학교의 비리에 대항하여 전개된 동맹휴교 사건에 연루되어 퇴학 당한 그는 친구의 도움으로 일본으로 건너가 고학 생활을 시작한다. 처녀작인 단편소설 〈오몽녀〉를 『조선문단』에 투고하여 입선함으로써 문단에 첫 선을 보인 시기도 그 무렵이다. 그러나 일본 상지대학 문과에 재학하던 이태준은 어려운 고학 생활을 끝내 이겨내지 못하고 중도에 학업을 포기한 채 귀국하고 만다. 이후 개벽사를 거쳐 중외일보의 기자, 조선중앙일보의 학예부장으로 일하였으며, 이화여자전문학교 등에 출강하여 학생들의 작문을 가르치기도 하였다.

'구인회'의 핵심 멤버로 활발하게 활동하던 그는 1930년대 후반기로 접어들면서 일제 말기 시대 상황이 악화됨에 따라 자신의 작품 세계에 심각한 갈등을 겪는다. 예술성이 짙고 강한 현실 비판적 경향을 보이던 것에서 역사적·신변적인 내용들로 소설의 방향 전환을 하게 되는 것도 갈수록 탄압이 강화된 시대 상황에서 비롯된 것이다.

이 글에서 조명할 〈석양〉은 1942년 『국민문학』에 발표된 단편소설로, 이 작품이 발표된 시기 역시 일제의 탄압이 극심한 때였다. 따라서 〈석양〉은 작가가 이전 시기에 발표한 강한 현실 비판적 성격과는 거리를 두고 있는 작품이기도 한데 이 소설은 무엇보다 작가 자신의 체험을 바탕으로 하고 있는 자전적 성격이 뚜렷한 작품이라는 것이 특징적이다.

우선 이 작품의 자전적 성격은 주인공이 작가라는 사실, 그것도 소설가이자 수필가인 점, 옛것에 대한 상당한 관심을 가진 상고적(尙古

的) 취향을 가진 사람이라는 것 등이 작가 그대로라는 데서 유추해 볼 수 있다.

이태준이 남긴 수필집 『무서록』에는 작가 자신이 한여름에 경주를 방문하여 불국사와 석굴암을 둘러보았다는 내용의 〈불국사 돌층계〉(『조광』, 1935. 11.)라는 수필이 수록되어 있다. 이는 〈석양〉의 주인공이 삼복더위에 경주 여행을 다녀온 것과 동일한 맥락을 형성하고 있는데, 여기서도 이 소설의 자전적인 요소를 발견할 수 있다.

이태준은 비교적 자전소설을 많이 쓴 작가에 속한다. 그가 남긴 자전소설을 몇 가지 유형으로 나누어 보면, 자전적 경향을 띤 소설이 당시의 시대 상황과 관련이 있는 경우와 그와는 무관하게 어느 정도 사소설적(私小說的)인 성격을 보이는 순수문학 작품 두 가지로 대별된다. 그 중 시대 상황과 관련이 있는 경우는 다시, 일제 치하 식민지 한국의 슬픈 현실을 개탄하는 소설과 대일 협력적인 발언을 하고 있는 소설로 분류될 수 있다.

전자의 예로는 일제의 한국에 대한 문화 유린과 친일파들의 횡행에 울분을 토하고 있는 단편소설 〈패강랭〉이 있고, 후자의 예로는 일본의 한국에 대한 식민 통치를 찬양 · 미화하고 있는 장편소설 〈사상의 월야〉를 들 수 있다. 한편 그가 남긴 사소설적인 작품에는 〈무연〉, 〈석양〉과 같은 단편소설이 있는데, 이는 작가의 사적인 경험을 소재로 하여 순수하게 인간과 인간의 삶에 대하여 이야기하고 있는 작품들이다. 이들 작품 중 〈석양〉은 자전적인 성향을 띠면서도 신변 한담(閑談)으로 흐르던, 일제 말기에 그가 발표한 다른 자전소설들과는 달리 짙은 상징성을 내포하고 있으며 문학적 완성도 또한 높은 작품이다.

이태준은 흔히 상고적(尙古的)이며 호고취미(好古趣味)가 짙은 작품을 쓴 작가라는 말을 자주 듣고 있다. 그는 실제로 자기(磁器)나 서화(書畵)와 같은 골동품이나 한시, 고건물, 기명(器皿)에 대한 특별한 애호취미를 가지고 있는 것으로 유명하다. 그의 이와 같은 경향을 김윤식과 김현은 『한국문학사』에서 딜레탕티즘으로 혹평하고, 그의 딜레탕티즘을 개인의 안위와 골동품에 대한 기호심의 소산으로 파악하고 있다.

그런데 선입견을 가지지 않고 보면 상고나 호고를 부정적인 것으로 볼 수만은 없을 것 같다. 상고주의에서도 얼마든지 의미와 가치를 찾을 수 있고, 문예미 또한 찾을 수 있기 때문이다. 따라서 이 글에서는 그의 상고적 · 호고적 성격은 어떤 것이며, 우리는 그것을 어떻게 보고 받아들여야 할 것인가를 〈석양〉을 통해 조명해 보고자 한다.

숭고한 아름다움에서 찾는 유한한 인생에의 위안

〈석양〉은 노년으로 접어드는 문턱에 선 한 소설가와 한창 젊은 나이의 한 여성의 우연한 만남과 헤어짐을 이야기하고 있는 소설이다. 어느 여름 경주를 찾은 주인공 매헌은 그곳의 한 골동품 가게에 들렀다가 그 가게 일을 보고 있는 타옥이라는 스무 살을 갓 넘긴 한 여성을 우연히 만난다. 두 사람은 함께 경주의 오릉(五陵)과 불국사 등을 둘러보고 헤어진다. 그 후 서로 편지를 주고받던 두 사람은 다시 두 번을 더 만나지만 2년 반 뒤에 그녀가 약혼을 해 그의 곁을 떠나 버린다. 이에 매헌은 홀로 해질녘 노을 앞에서 허전함과 함께 주체하기 힘든 서글픔에 잠긴다는 것이 이 소설의 주요 내용이다.

우선 〈석양〉에는 옛것을 소중히 여기는 작가의 상고적인 성격의 단면이 소설 곳곳에 나타나 있다. 주된 배경부터가 그러한데, 이는 신라 시조 박혁거세 등 다섯 왕의 무덤 오릉(五陵), 천년 고찰 불국사와 같은 곳이다. 주인공이 경주로 내려가 제일 먼저 찾은 박물관도 마찬가지이다. 한 연구자가 이태준은 시간 관념에 있어서 현재보다 과거를 중시한다고 지적한 바 있는데, 마치 푸른 이끼가 낀 것 같은 박물관의 묘사가 바로 그러한 면을 보여 준다.

작가가 지나가면서 흘리는 에피소드에도 우리 역사와 옛 문화가 스며들어 있다. 소설 도입부에서 매헌이 기차를 타고 경주로 가면서 '반야월이란 시흥을 돋우는' 역을 지나갔다고 하고 있다. 여기서 '반야월'이라는 지금은 없어진 역 이름이나 '시흥을 돋우는'이라 한 말들에도 우리나라 고려사의 한 단편과 한 편의 향가의 내력이 담겨져 있다.

서기 927년 고려 태조 왕건은 지금의 대구 동화사 부근에서 후백제의 견훤 군과 접전을 벌였는데, 전세가 기울어 절체절명의 위기를 맞았다. 그때 왕건과 외모가 비슷한 장군 신숭겸이 왕의 갑옷을 입고 투구를 써서 왕 차림을 하고 김락과 함께 싸우다가 전사하였다. 그 사이에 포위망을 뚫고 탈출한 왕건은 지금의 안심동에 와서야 비로소 위기를 넘겼다고 한다. 그래서 왕이 탈출할 때 새벽달이 길을 밝혀 준 그곳을 '반야월(半夜月)'이라 하고, 그때 전사한 두 장군을 위해 향가 〈도이장가(悼二將歌)〉를 짓게 하였다고 하는데, 위의 구절에는 그러한 고사가 담겨 있다.

그뿐만 아니라 매헌이 봉덕사의 종 앞에 서서 그 종을 보니 '슬픈

음향이 우러날 것' 같았다고 한 구절은 우리의 옛 전설 한 편을 머리에 떠오르게 한다. 여기에는 한 여자가 범종(梵鐘) 주조(鑄造)의 시주를 부탁하는 스님에게 업고 있는 아기를 좀 만드는 데 바쳤다는 '에밀레종 전설'이 스며들어 있다. 또 매헌이 호텔 로비에서 내려다 보고 있는 영지(影池)에는 불국사의 석탑을 만들고 있는 남편 아사달을 찾아왔다가 끝내 만나지 못하고 그 절 앞에 있는 못에 빠져 죽고 말았다는 '아사녀의 전설'이 전해져 오고 있다. 이러한 옛이야기가 전하는 곳곳에는 깊은 애상, 즉 허무함이 배어져 있다. 그리고 그 비애의 저변에는 주인공 자신이 늙어 가고 있다는 데 대한 자탄(自歎)이 깔려 있다.

한편, 이 소설에는 등장인물들 간의 여러 가지 대조적인 모습이 뚜렷하게 나타나 있다. 주인공 매헌과 타옥의 외모부터가 그러하다. 이순(耳順)을 눈앞에 둔 매헌은 지팡이를 짚고 다니며 골동품 가게를 기웃거리는 초로(初老)의 남성이다. 그에 반해 갓 스물을 넘긴 타옥은 한창 피어나는 발랄한 청춘의 모습 그대로를 보여 주는 생기 넘치는 젊은 여성이다. '흰 바탕에 초록 나뭇잎이 듬성듬성 찍힌' 원피스를 입고 흰 헝겊 구두를 신고 푸른 파라솔을 든 그녀는 마치 서구풍의 신식 여성과도 같이 젊음과 활기가 넘쳐난다.

두 사람의 움직임과 행동에도 한쪽은 피로와 무기력이 뚜렷한 반면, 다른 한쪽에는 생기와 활기가 넘쳐나고 있다. 또 두 사람의 노래에도 그러한 대조적인 성격이 드러난다. 매헌은 타옥이 기념으로 몇 자 글을 써 달라고 내미는 부채에다 '夕陽無限好 只是近黃昏(석양은 한없이 좋으나 이는 다만 황혼이 가까이 온 것)'이라는 당나라 시인 이의산(李義山)의 시 한 구절을 써 준다.

매헌이 쓴 시가 자신의 늙음에 대한 비감(悲感)이 짙게 드리워져 있는 글이라면 타옥의 노래는 이와는 아주 다르다. 그녀는 매헌과 야외 나들이를 마치고 돌아올 때 '어릴 때 부르던 노래 같은 사사조의 무슨 곡조'를 콧노래로 부르고 있다. 그 모습에는 생의 기쁨과 즐거움이 넘쳐난다.

또한 매헌은 번번이 지친 모습을 보이는가 하면 틈만 나면 졸거나 잠에 빠져들고 한 번 앉거나 누우면 쉽게 일어나지 못하는, 한 마디로 기력이 쇠한 모습 그대로를 보여 준다. 그러나 타옥은 쉬지 않고 움직이며 개울가, 바닷가를 주체할 수 없다는 듯 뛰어다님으로써 생기 넘치고 발랄한 모습이다.

그런 타옥과 만나는 동안 매헌은 인간이 얼마나 허무하게 늙으며 세월이 얼마나 빨리 흘러가는가를 다시 한 번 절실하게 느낀다. 타옥은 매헌이 자기가 읽고 있는 수필집의 저자라는 것을 알게 된 후 자신이 상상해 온 그 책의 저자와 그의 실제 모습과는 아주 다르다면서, 무심히 "다니지 마세요. 글만 못하세요."라고 할 때도 매헌은 자신의 젊은 시절을 생각하고는 서글픔을 느낀다.

매헌이 느끼는 서글픈 상념들은 타옥과 함께 불국사에 들렀을 때도 계속 떠나지 않는다. 6세기에 창건된 불국사는 1593년 임진왜란 때 대웅전을 비롯한 목조 건물이 모두 불에 타 버리고 말았다. 경내의 다보탑과 석가탑은 그런 재난을 견뎌 내고 천여 년을 굳건히 서 있는데 타옥은 그 일을 두고, "그 불바다 속에 이 두 탑만이 떡 버티고 섰었을 걸 생각해 보세요. 얼마나 영웅적이고 비극적이었을까요!"라고 한다. 그때 매헌은 그런 재앙을 이겨내고도 그렇게 긴 세월을 의연히 안아 넘기고 있는 그 돌탑들에 비해 자신의 생애가 얼마나 짧은 한 순간에 불과한 것인가를 다시 한 번 새삼스럽게 느낀다.

순간순간 그 세월의 덧없음을 생각하는 매헌은 너무나도 빨리 진행되는 자신의 허무한 노화를 겸허하게 받아들여야 한다는 사실을 깨닫는다. 한 번 자리에 누우면 쉽게 일어나지지 않는다는 것을 느꼈을 때도 그것이 혈기가 줄어들었기 때문이라는 사실을 인식하고는 자신의 마디마디 뼈를 해마다 무게를 가해 누르는, 그 보이지 않는 힘에 '편안히 인종하려' 한다. 그는 거기서 인간이란 한 번 태어나면 늙고 죽는다는 하늘의 섭리를 그대로 받아들이고 있다.

그러나 인생은 비록 그렇게 덧없고 허무한 것이지만 그래도 삶을 뜻있게 해 주는 것이 있다는 사실을 그는 곧 깨닫는다. 인생은 한 찰나에 지나가지만 그래도 사람은 불멸의 가치, 즉 아름다움을 눈앞에 두고 볼 수 있는 복록을 누릴 수 있다는 것이 그것이다.

매헌이 타옥과 함께 석굴암에 갔을 때의 깨달음이 그것을 잘 보여준다. 매헌은 석굴암의 십일면관음 앞에 섰을 때 진정으로 숭고한 아름다움이란 종교나 철학을 체득하지 않고서는 알아 볼 수 없는 것이라는 사실을 깨닫는다. 그러한 사실을 깨달은 매헌은 타옥을 십일면관음 앞에 가지런히 세우고는 관음의 도독한 손등과 타옥의 손등을 차례로 쓰다듬어 본다. '이순(耳順)이 내일 모레인 자기의 그 집요한 삿된 정욕'이 막상 그녀를 마주하면 한 순간에 깨끗하게 사라지고는 하는 것도 바로 그녀가 가진 숭고한 아름다움 때문이었다는 것을 분명하게 인식한다.

그는 타옥의 아름다움을 품격 있는 조선 백자와 같은 것이라고 생각한다. 그는 그런 타옥을 '바쁠 때는 없는 듯 보이지 않으나 고요한 때는 바로 옆에서 기다리고 있는', '고요히 위로와 안식을 주며 싫어지는 날이 없는 영원한 그릇'과 같다고 여긴다.

그래서 타옥이 아주 떠나 버린 뒤 홀로 바닷가에 나와 서 있던 매헌은 너무도 속히 황혼이 되어 버리는 석양이 참으로 아름답다는 사실을 다시 한 번 느낀다. 그것은 인생이란 잠깐 사이에 지나가 버리는 것이기 때문에 더욱 아름답다는 것을 의미한다고 보아도 될 듯하다. 그런 점에서 이 소설은 인생을 피사체로 하고 있는 한 폭의 아름다운 그림과 같은 것이라고 할 수 있다.

허무와 애상을 승화한 미문(美文)

이태준은 단편소설 창작에 있어서 자신만의 뛰어난 창작 테크닉을 보여 주고 있는 작가이다. 이재선이 『한국현대소설사』에서 그의 단편소설의 특징을 서술 기법이나 구조 및 언어 형태에 있어서 간결하고 적절한 것이라고 한 지적도 그와 같은 그의 창작 기법상의 특징을 말해 주는 것이라 할 수 있다.

다른 단편소설과 마찬가지로 〈석양〉에서도 여러 가지 의미에서 소설 곳곳에서 한국 소설 전사에서 정상에 서 있는 작가의 기교를 찾아볼 수 있다. 소설에 있어서 등장인물의 이름 짓기, 즉 명명(命名, appellation)은 성격 창조의 가장 간단한 형태라 할 수 있는데, '매헌'이라는 이 소설 주인공의 호에서도 작가의 뛰어난 창작 능력을 발견할 수 있다.

매헌(梅軒)에서 '헌(軒)'자는 '집'이라는 의미로, '당(堂)'자와 마찬가지로 일반적으로 사람의 호 뒤에 붙이는 글자이다. 그러니까 이 호의 핵심적인 의미는 '매(梅)'에 있다고 할 수 있다. 매(梅), 즉 매화는 사랑, 고결한 기품 등 여러 가지 상징적인 의미를 띠고 있는 꽃이다. 그 상징성 중의 또 하나가 덧없음이다.

그것은 매화가 아름답고 향기가 맑기 그지없으나 잠깐 피고는 금방 지고 말기 때문에 그런 의미를 부여한 듯하다. 이 소설이 인간의 한 생이 짧고 덧없음을 이야기하고 있는 것이라는 사실을 두고 볼 때 그와 같은 명명은 주제와 맥락이 닿는, 의미 있는 것이라 하겠다.

또 이 소설에서 작가는 장소적 배경 묘사도 우리가 마치 그곳에 서 있는 듯한 직접적인 풍광을 바로 보여 주고 있다. 매헌이 기차 창밖으로 푸른 벌판과 강가에서 낚시를 하고 있는 한 어부의 모습을 바라보고 있는 장면 같은 것이 그런 것이다.

전원 풍경의 목가적 묘사만 그런 것이 아니다. 등장인물이 서 있는 곳이 고풍스런 곳이면 거기에서는 금방 세월의 이끼가 낀 것을 볼 수 있고 유현(幽玄)한 옛 바람소리를 들을 수 있다. 불국사를 묘사하고 있는, '한 길이나 돌을 세워 싸돌린 신라 독특한 양식이라는 대웅전의 단아한 기단, 동편엔 다보탑, 서편에는 석가탑, 매헌은 종교적 의의를 떠나 탑이란 사람이 쳐다볼 수 있는 미술품으로는 최고의 형식'일 거라 한 대목이나, '공간과 입체의 조화, 어느 희랍의 인체(人體)가 이처럼 장엄하랴.'라고 한 부분에서 그와 같은 모습이 잘 드러나 있다.

그밖에도 이 소설에서 찾아볼 수 있는 감각적인 표현이나 어휘의 풍부함도 독자들에게 신선함을 안겨다 준다. 예를 들면 〈석양〉을 읽다보면 우리가 일상이나 다른 작가들의 소설에서는 듣거나 읽을 수 없었던 생경한 말들을 만나게 되는데 그러한 것에서 새로움을 느낄 수 있다. "남북이 그냥 여름의 한중간이라 차는 달리어도 봄새나 가을처럼 철다움 한군데 모이지 않는다."라는 대목에서 '봄철이 계속되는 동안'을 의미하는 '봄새'와 같은 낱말이나 "바닥에서는 모새들도 흘러 발을 간지른다."라는 문장에서 '아주 잘고 고운 모래'를 뜻하는 '모새'와 같은 단어들이 그런 것이다. 작가는 배경이 예스러운 곳이면 의고체(擬古體) 어휘를 쓰고 있고, 현대적인 장소나 인물이 등장할 때는 외래어를 차용하는 등 현대적인 어법을 사용하여 감각적인 이미지를 부여하기도 한다.

작가는 이 소설의 곳곳에서 자신의 문학사상의 한 단면을 조금씩 노출하고 있기도 하다. 예컨대 타옥이 매헌과 수필에 관한 대화를 하고 있는 부분에서, "고독을 예찬한답시고 쓴 건 되려 고독을 수다로 만들어 놓았죠?"라고 하고 있는데, 이는 문학적인 글은 대상에 대한 느낌을 있는 그대로 써서는 안 된다는 작가의 생각을 간접적으로 말해 주고 있는 것으로 파악된다. 타옥이 또 소설은 지나치게 교훈적이라 잘 읽지 않는다고도 하고 있는 데서도 소설은 너무 단정적 · 독선적이 되어서는 안 된다고 하는 작가의 문학론의 한 부분을 제시한 것으로 읽을 수 있다.

이상을 종합하건대 이태준의 단편소설 〈석양〉은 이태준이라는 작가의 한 특성이라고 평가되는 상고적인 성격이 뚜렷하게 나타나 있는 작품으로 이는 주인공이 경주를 여행하면서 지나가거나 들리는 역이나 박물관, 사찰 등의 배경과 그곳에 얽힌 옛이야기를 들려 주고 있는 데서 찾아볼 수 있다.

주인공은 자신이 속절없이 늙어가는 데 대한 비감을 느끼면서도 한편으로 이 세상에는 세월이 흘러도 변하지 않는 것이 있으니 아름다움이 바로 그것이라 함을 알려 준다. 큰 재난도 견뎌 내고 천 년을 의연히 서 있는 불국사의 다보탑과 석가탑, 그리고 사람을 압도하는 석굴암의 석불에서 그와 같은 불변의 미를 발견한 것이다.

매헌은 옛것뿐만 아니라 오늘날의 것에도 변하지 않는 아름다움을 가진 것이 있음을 깨닫는다. 석굴암의 십일면관음 앞에 서 있는 타옥이라는 여성에게서 그와 같은 사실을 느끼는데, 사사로운 욕심을 가지지 않고 바라보는 젊은 여성의 아름다움이 바로 그와 같은 것임을 말해 준다. 결국 작가의 상고적 취향에서 발현된 이와 같은 미의식은 예술성을 잃지 않는 작가 이태준의 순수문학 세계의 일단(一端)을 잘 보여 주는 것이라 하겠다.

참고 자료

이태준, 〈석양〉, 『이태준 전집 2』, 깊은샘, 1988.
이태준, 『무서록』, 깊은샘, 1999.
김우종, 『한국현대소설사』, 성문각,`1995.
김윤식 · 김현, 『한국문학사』, 민음사, 1999.
민충환, 『이태준 연구』, 깊은샘, 1988.
상허학회, 『근대문학과 이태준』, 깊은샘, 2000.
이재선, 『한국소설사-근 · 현대편 Ⅰ』, 민음사, 2000.
장덕순, 『한국설화문학연구』, 서울대학교출판부, 1993.
한국문화상징사전편찬위원회, 『한국문화상징사전』, 동아출판사, 1992.

일탈의 욕망, 자유를 향한 동경

정비석의 〈자유부인〉

한국 문학사에서 사회 풍자적인 연애소설의 시초로 평가 받는 정비석의 장편소설 〈자유부인〉은 발표 당시부터 큰 파문을 일으켰다. 1954년 1월 1일부터 8월 6일까지 『서울신문』에 연재된 이 소설은 처음에는 150회로 기획했으나 인기가 높아 215회로 연장 연재되었다. 심지어 신문 연재가 끝나자마자 『서울신문』 가판 판매가 5만 부 이상이 축소되었으며, 단행본으로 출간된 후에는 14만 부가 팔려 우리나라 출판사상 최초로 10만 부 이상의 판매 기록을 올린 베스트셀러가 되었다.

〈자유부인〉의 작가 정비석은 1936년 『동아일보』 신춘문예에 〈졸곡제〉가 입선한 후, 이듬해 〈성황당〉이 『조선일보』 신춘문예에 당선되면서 본격적으로 문학 활동을 시작하였다. 그의 작품은 〈동경〉, 〈제신제〉, 〈금단의 유역〉 등으로 대표되는 남녀의 애정관계를 다룬 소설,

〈강태공〉, 〈귀불귀〉 등의 토속적인 삶을 배경으로 삼은 반 신변적인 소설, 〈저기압〉 등 시대 현실에 대한 지식인의 고민과 사상을 다룬 계열 등으로 크게 나누어진다.

그는 한국 전쟁 당시에는 종군 작가단으로 『전선문학』을 발행하는 등 일선 종군과 후방 선전 활동에 적극적으로 참여한 바 있다. 그밖에도 〈연산군〉, 〈황진이〉 등의 역사소설이나 〈소설 손자병법〉, 〈소설 초한지〉, 〈삼국지〉 등의 번안소설, 〈파랑새의 꿈〉, 〈마음의 꽃다발〉과 같은 어린이소설, 『소설작법』과 같은 연구서, 수필집 『산정무한』에 이르기까지 다양한 영역의 작품과 저서를 남겼다.

무엇보다 그는 소설을 통해 전후 한국 여성과 전통적 여성의 애정 갈등을 대비적으로 형상화하여 대중의 시선을 모은 것으로 널리 알려져 있다. 〈자유부인〉 역시 1950년대를 배경으로 여성의 사회적 지위 변화 및 미국 문화와 더불어 일어나기 시작한 사회적 퇴폐 풍조, 그리고 성 윤리의 혼란상을 적극적으로 담아내고 있다.

1950년대 한국 사회는 극심한 혼란기로, 당시는 전쟁과 함께 밀려들어 온 서구 문물과 봉건 사회의 윤리관이 충돌하던 시기였다. 미국 자본주의에 대한 동경으로 사회 전반에 자유주의 사상이 번져 나가면서 전통적인 윤리관에 억압되어 온 개인의 욕망이 직접적으로 표출되기 시작하였던 것이다.

이러한 상황 속에서 작가는 〈자유부인〉을 통해 극심해진 사회 지도층 인사들의 부정부패에 대해 비판을 가함으로써 전후 우리 사회의 혼란상을 신랄하게 고발하고 있다. 작가는 『경향신문』과의 인터뷰에서 "당시의 사회 풍조를 봉건사회에서 민주사회로 넘어가는 전환기의 필연적인 현상의 하나로 보고 이러한 풍조를 막을 수 있는 것은 지성의 힘뿐이라고 믿고 주인공을 가장 지성적인 사성이라 할 수 있는 대학교수의 가정을 모델로 했다."라고 작품 집필 동기를 밝히고 있다. 작가가 직접 술회한 바와 같이 '자유와 민주주의에 대한 일부 여성들의 그릇된 인식 때문에 그 당시 우리 사회가 극도의 혼란에 빠졌던 것'이고 이에 대한 경각심을 불러 일으키기 위한 의도에서 창작된 이 작품에는 미국 문화의 무분별한 유입 속에 사치와 향락, 도덕적 타락이 범람하는 전후의 서울과 그 세태가 사실적으로 그려지고 있다.

사회적 논란과 치열한 논쟁

〈자유부인〉은 대학교수의 아내이자 평범한 가정주부 오선영이 '화교회'라는 모임에 참석함으로써 탈선의 길에 빠지는 것으로 시작된다. 오선영은 화교회를 통해 사회 지도층 인사 부인들이 계 모임에 활발하게 참여하고 사교춤을 배우는 등 자유로운 생활을 즐기고 있다는 사실을 알게 된다. 그녀는 대학교수의 부인임에도 불구하고 경제적으로 궁색하게 살아가는 자신의 처지를 비관하고, 이를 벗어나기 위해 남편의 허락을 받고 '파리양행'이라는 양품점의 대리 경영을 맡는다.

사회 생활을 시작한 오선영은 세련된 여성이 되기 위해 옆집에 사는 대학생 신춘호로부터 사교 댄스를 배우고, 양품점 주인 한태석과 그 밖의 여러 손님들의 시선도 즐긴다. 잠시나마 마음을 흔들리게 했던 신춘호가 자기의 조카와 결혼을 하고 유학을 떠나자 낙심한 오선영은 한태석과 사교 파티에 참석하는 등 은밀한 시간을 가진다. 그러나 그녀는 한태석의 아내 이월선에게 발각되어 망신을 당하고, 남편 장태연은 그녀에게 집을 나갈 것을 종용한다.

장태연은 이혼을 결심하고 오선영은 한동안 집을 나가 생활한다. 그러나 그녀는 가정을 떠나서는 자유도 있을 수 없다는 자각을 하고 자신의 잘못을 크게 뉘우친다. 그 후 한글 간소화 공청회에 참가한 오선영은 한글학자인 남편의 소신 있는 견해를 들으면서 그동안 무능하다고 생각했던 남편이 사회적으로는 권위 있는 아주 훌륭한 인물이라는 사실을 깨닫는다. 공청회장에서 아내를 만난 장태연은 결국 부인을 용서하고 함께 집으로 돌아오게 된다.

이와 같은 내용으로 구성된 〈자유부인〉은 후에 동명의 영화로 제작되었으며 당시 흥행 1위의 기록을 남기기도 하였다. 이후에도 이 작품은 여러 번 영화화되었는데, 영화로 각색될 때마다 지속적으로 화제의 중심에 놓였다. 그 중 이 소설이 최초로 영화화된 한형모 감독의 〈자유부인〉은 1956년 6월 5일 열린 검열 시사회에서 한국의 사회 도덕 기준과 어긋나는 장면의 삭제를 요청 받았다. 결국 검열에서 통과되지 못하는 바람에 원래 개봉일인 6월 8일 정오까지 상영되지 못하고 8일 오후 늦게서야 비로소 상영이 허가 되었다.

당시 키스 씬에 대한 검열의 문제로 영화 상영이 늦추어지자 『동아일보』는 '영화의 러브 씬을 허용해야 하는가'에 대한 각계각층 사람들과의 인터뷰를 통해 검열에 대한 찬반을 논하는 기사를 실어 화제를 불러 일으켰다. 논란 끝에 개봉된 이 영화는 45일간 상영되었고, 서울

관객만 10만8천 명에 7천만 환의 수입을 거둔 초유의 기록을 세웠다. 이후 이 소설은 수많은 대중소설 작품을 원작으로 한 각색 영화의 붐을 일으킨 효시로 남게 되었다.

소설 〈자유부인〉이 신문에 연재되는 동안 독자들은 사회 지도층 인사의 부인이 벌이는 비윤리적 행각이라는 자극적인 주제에 큰 관심을 보였다. 특히 서울대 법대 황산덕 교수와 정비석 작가 사이에 있었던 치열한 논쟁은 이 소설을 더 널리 알리는 계기로 작용하여 대중들의 큰 관심을 모았다.

1954년 3월 1일자 서울대 대학신문에는 황산덕 교수의 정비석 작가에 대한 공격의 글이 실렸다. "개인의 자제와 장래의 교육과 수십만의 중학생의 장차 진학을 위해서라도 대학교수를 사회적으로 모욕하는 무의미한 소설만을 쓰지 말길 바란다."라는 당부를 하고 있는 이 글에는 대학교수와 그 부인을 묘사한 방식에 대한 필자의 강한 불만이 제기되어 있다. '교수를 모욕한다'는 논지로 공개적인 이의를 제기한 이 글로 인해 이른바 '자유부인 논쟁'이 본격적으로 시작된 것이다.

이후 3월 11일자 『서울신문』에는 정비석 작가의 반론이 즉각 게재되었다. 그는 "남의 작품을 비난하는 데 있어서 귀하의 불성실한 태도를 지적하겠다."라고 전제한 후 "적어도 남의 작품을 비난하자면 그 작품을 한 번쯤은 충실히 읽어 보고 붓을 드는 것이 작가에 대한 예의일 뿐만 아니라 귀하의 의무이기도 할 터인데 귀하는 읽어 보지도 않고 노발대발하면서 〈자유부인〉을 중단하라는 호령을 내리셨으니 이 무슨 탈선적 발언이냐"라며, "좀 더 침착히 좀 더 냉정히 좀 더 성실한 학자적 태도로 작품을 음미해 주시기 바란다."라고 하였다. 작가는

"그러한 허무맹랑한 원성에 결코 개의치 않겠다."며, 황산덕 교수가 '문학적 논의'보다 오히려 '문학자를 모욕'하고 있는 것이라고 강하게 반박하였다.

이에 황산덕 교수의 재반론이 이어졌다. 그는 '현실 폭로 자체가 문학인 것이 아니라 그 속에 있는 문학 정신이 그것으로 하여금 문학이 되게 하는 것'이라고 전제한 후, "귀하는 아직도 철없는 문학 취미인과 마찬가지로 남녀 관계 묘사만이 문학이고 성욕만이 예술이라고 생각하시는 모양이다. 성욕 자체, 성적 흥분을 돋우는 표현 자체가 문학이 아니라 그것이 인간의 휴머니티라든가 인간 현실의 리얼리티라든가 작품 내용의 모럴이라든가 예술의 순수성이라든가 기타 그 무엇에 호소하는 바가 있어야만 문학이 되는 것이다. 이렇게 보면 〈자유부인〉은 단연코 문학 작품이 아니다."라고 신랄하게 비판하였다. 또한 그는 이 작품을 '중공군 50만 명에 해당하는 적이 아닐 수 없다'고 극단적으로 규정하였다.

이에 비평가 백철은 1954년 3월 29일자 대학신문에 '황산덕 씨의 글은 사회적·도덕적인 입장에서 바라본 것이라면 정비석 씨의 글은 문학적인 입장에서 출발된 것'임을 전제하고는, '황산덕 씨는 작품 평가의 기준을 일상 사회생활 속의 도덕적 기준을 표준으로 삼고 있으며, 정비석 씨는 사회 속의 평가 기준으로 작품을 섣사리 평가해서는 안 된다는 입장을 취한 것'이라고 일단락 지었다. 결론적으로 이 논쟁을 계기로 하여 신문소설의 윤리성과 창작의 자유에 관한 문제가 본격적으로 논의되기 시작한 것만은 분명하다. 이후 1960년대에 들어서는 신문 연재소설도 윤리위원회의 규제를 받게 되었다.

당대 사회에 대한 신랄한 비판

문단뿐 아니라 사회 전체에 큰 파문을 일으킨 〈자유부인〉은 신문소설을 통해 대중들에게 사회적 논란거리를 제공하였다. 당시 신문소설은 신문의 판매 부수를 좌우할 만한 중요한 서사물이었으므로 우리 문학계에 대중소설에 대한 관심을 환기하는 계기가 되기에 충분하였다. 전쟁 이후 발현된 이국적 문화에 대한 체험, 소비와 일탈, 계 문화, 여성의 사회 진출 등 이 소설이 대중적인 욕망을 반영한 것은 당시로서는 독자들의 마음을 사로잡을 수밖에 없었다.

그 중 자본주의적 소비 문화의 상징이라 할 수 있는 댄스는 대중들을 새로운 욕망의 세계로 이끌어간 장본인이다. 실제로 1950년대 댄스 열풍은 우리 사회의 상류층에서부터 일반인들에 이르기까지 급격히 확산되었는데, 그 시기 사람들은 댄스를 민주주의와 자유의 표현으로 여길 정도로 큰 관심을 보였다.

1954년에 발생한 박인수 사건만 보더라도 당시 사회 분위기를 충분히 짐작할 수 있다. 박인수 사건이란 현역 해군 헌병 복무 시절에 익힌 사교춤 실력으로 무려 70여 명의 여성들을 유혹한 성 추문 사건을 말한다. 이때 피해 여성들의 상당수가 여대생들이었으며 국회의원과 고위 관료의 딸도 포함되어 있었다. 그 밖에도 그 무렵 신문 사회면에는 춤 바람, 성 추문 사건들이 대서특필되는 경우가 많았으며, 춤 바람으로 가정 파탄에 이른 경우도 종종 있었다고 한다. 이러한 사회적 분위기를 안고 탄생한 〈자유부인〉의 오선영에게도 댄스는 일탈을 꿈꾸게 하는 매개체이자 억눌린 욕망을 실현하는 도구로 작용하였다. 따라서 댄스는 그 당시 사회 전반에 확산된 큰 유행이자 일종의 혁명과도 같은 것이었다.

1950년대는 한국 사회에서 근대적 기틀이 형성되기 시작한 시기였다. 서구적 민주주의와 자본주의, 봉건적 가치관 등이 혼재되어 있던 과도기의 혼란으로 인해 당대 사회는 속악한 물신주의, 추악한 이기심 등의 부정적 측면이 존재하였고, 작가는 작품에서 이를 신랄하게 비판하고 있다. 무엇보다 〈자유부인〉에는 부정 선거, 공무원의 부패상 등 유한층의 타락과 부패, 춤 바람이나 계 열풍으로 대변되는 일탈과 방종이 뚜렷하게 드러난다.

특히 당대의 정치적 상황에 대한 작가의 비판은 상당히 강력하고 직설적이다. 오선영의 오빠인 국회의원 오병헌은 권력의 힘으로 청탁과 관련한 이권을 들어주고, 적산공장 관리권, 사치품 수입 허가 등을 조건으로 뇌물을 받는 등 갖가지 정치적 알선을 하는 대표적인 인물로 묘사되고 있다. 작가는 오병헌뿐 아니라 사기꾼 백광진, 사업가 한태석 등 이권을 위한 청탁과 협잡을 일삼는 인물들을 통해 정치와 결탁한 경제계의 부정, 그리고 권력을 이용한 비리 등을 하나하나 파헤치고 있다.

작가는 파리양행의 공금을 유용하는가 하면 돈을 받고 남편 제자의 학점을 올려 주는 오선영, 협잡꾼 백광진과의 비윤리적 행각을 서슴없이 드러내는 최윤주를 통해서는 천박한 물질주의와 쾌락주의에 물든 당대 여성들을 질타하고 있다. 이러한 과정에서 작가의 당대 사회에 대한 비판의 표적이 되고 있는 것은 결국 민주주의의 오용에 관한 문제였다. 그것은 전후 한국 사회를 지배했던 천박한 자본주의와 타락한 민주주의로 드러났으며, 이들은 지나친 서구 추종 현상과 배금주의 등의 역기능을 초래하였다. 작가는 당시의 그와 같은 우리 사회의 문제 의식들을 등장인물의 타락과 비리를 통해 작품에서 적나라하게 제시하고 있다.

이후 작가는 지도층과 권력층의 비리를 파헤친다는 점에서 연재 중단의 압박을 받기도 하고, 비판적으로 묘사한 세태 풍속들이 북한에서 남한의 부패상을 비난하는 학습 자료로 이용되고 있다는 혐의로 치안국 등에 불려 다니면서 조사를 받는 등 갖은 수난을 겪기도 하였다. 또 유한마담의 행태를 그림으로써 다른 이들을 오염시키고 여성의 위신을 실추시킨다는 이유로 여성 독자들로부터는 여성 모독이라는 공격을 받는 등 자신의 창작의 의도와는 또 다른 여러 가지 사건을 경험하였다.

그러나 소설의 말미에 제시된 '한글 간소화 운동'과 관련한 내용은 그 무렵 정치적 쟁점이 되었던 주요 사안에 대한 비판이라는 점에서 색다른 의미를 띠고 있다고 할 수 있다. 한글학자 장태연을 통해 한글 간소화로 불리는 당대 문화 파동에 대한 내용을 다루고 있는 것은 작가 나름대로 그 시절 사회의 현안을 충실하게 반영하고자 한 노력의 결과라 하겠다. 실제로 1953년 10월 9일, 이승만 대통령은 "어렵고 복잡해 배우기 힘든 한글 맞춤법을 대신해 조선조 중엽에서 말기까지 써 오던 옛날 맞춤법을 쓰도록 하라."라는 훈시를 내렸다. 이는 우리 글을 소리 나는 대로 쉽게 표기하라는 대통령의 평소 주장을 되풀이한 것이나 다름이 없었다.

이에 한글학회에서는 '시대를 역행하는 불합리·부조리한 맞춤법은 문자의 시각적 심리를 무시하고 이해의 이성적 과정을 몰각해 도저히 문명 국민에 맞는 글 노릇을 할 수 없음'을 지적하고, 정부 안의 문제점을 분석하는 강연회를 개최하였다. 여러 논란 끝에 결국 한글 간소화 파동은 잘못된 인식을 가진 통치자에 의해 강요 되었던 어문 정책의 종말을 보여 주었다는 점에서 위정자들에게 또 다른 교훈을 던져주는 사건으로 우리 역사에 기록되었다. 이처럼 작가는 자유와 일탈, 정치권의 비리 등 세태 비판뿐만 아니라 당대 정치권의 문화 정책의 문제점에 대해서도 일침을 가함으로써 이 소설의 사회 비판 의식을 더욱 강화하고 있다.

가부장적 이데올로기에 의한 보수적 가치관

한국 전쟁 이후 거의 10여 년 이상을 지배해 온 우리 사회 풍조 중의 하나는 자유와 그에 따른 방종이었다. 자유는 당대 사회의 정신적 분위기를 대변하는 하나의 지표였지만, 그때 유행했던 자유는 본연의 의미를 상실한 채 방종과 타락을 정당화하는 엉뚱한 도구로 전락하고 말았다. 이러한 분위기 속에서 가정생활을 노예생활이라고 단정짓고 거기에서 과감히 벗어나는 것만이 자유의 길이라고 믿었던 일부 여성들의 심리는 그야말로 허영심에 다름 아니었다. 그것은 자유와 민주주의라는 말을 핑계로 자신의 분방한 행동을 합리화하는 이기적 심리였던 것이다.

〈자유부인〉에서 당대 여성의 표상으로 등장한 오선영과 최윤주 역시 민주주의에 기대어 여성의 자립과 자유를 주장한 대표적인 인물들이다. 그러나 정작 그들이 내세우는 자유는 방종과 부패로 얼룩져 있다. 그런 한편으로, 소설의 말미에서 오선영이 지난날의 과오를 반성하고 이전의 평범한 생활을 동경하며 자신의 일탈적 행동을 뉘우치는 모습은 자유라는 이름으로 버려졌던 가부장적 권위의 회복을 보여주고 있는 것이기도 하다.

실제로 이 소설 곳곳에는 남성에 대해서는 매우 관대하며, 여성에 대해서는 지극히 반여성적이고 가부장적인 관점으로 내용이 전개되고 있음을 발견할 수 있다. 그것은 장태연이 시종일관 사려 깊고 분별력 있는 인물로 묘사되어 있는 반면, 오선영은 단순하고 천박한 인물로 그려져 있는 것에서 여실히 드러난다.

작가는 장태연 교수가 미군부대 타이피스트 박은미에게 품었던 연정조차 가볍게 묘사하는 데 그치고 만다. 박은미에 대한 마음과 그로 인한 방황을 끝낸 그는 사회적으로 존경 받는 모범적인 교수로 되돌아오며, 탈선한 아내마저 기꺼이 용서하는 포용력 있는 인물로 미화한다. 그러나 오선영의 불온한 욕망과 일탈은 윤리의 부재라는 부정한 사회를 상징하는 것으로 매우 강렬하게 묘사되고 있다. 이는 사회적 혼란의 책임을 여성의 허영과 욕망에 전가하려는 작가의 가부장적 이데올로기의 실현이라 하겠다.

또 작가는 여성은 태생적으로 어리석고 간교하다는 논평을 작품 곳곳에 덧붙임으로써 시종일관 여성을 어리석고 부도덕한 존재로 타자화하고 있다. 당당하게 집을 나간 오선영의 돌연한 참회와 귀가로 귀결되는 결말 또한 지나치게 작위적이고 계몽적이라는 비판에서 벗어나기 어렵다. 그런 점에서 볼 때 일탈한 주부가 빠져린 뉘우침과 남편의 용서라는 과정을 거침으로써 가정으로 복귀한다는 이 소설의 결말은 작가의 보수적 가치관을 직접적으로 보여 주는 것이라 하겠다.

결국 봉건적인 사회에서 자유 민주주의 사회로 넘어가는 과도기의 가정적인 혼란상과 사회적인 부패상을 소설화한 장편소설 〈자유부인〉은 전쟁 직후의 우리 현실을 대변하는 키워드로 존재했던 자유가 당대 여성들을 어떻게 자유부인으로 만들고 그녀들에게 주어진 자유가 도덕적 일상을 넘어 일탈의 기제로 어떻게 작용하는가를 보여 주고 있는, 한 편의 사회 비판 소설이라 할 수 있다.

참고 자료

정비석, 『자유부인』, 지식을만드는지식, 2013.

강진호, 『현대소설사와 근대성의 아포리아』, 소명출판, 2009.

김영애, '『자유부인』에 나타난 인물형상화에 관한 연구', 『현대소설연구』 제28호, 한국현대소설학회, 2005.

역사비평편집위원회, 『논쟁으로 읽는 한국사』, 역사비평사, 2009.

정미경, '1950년대 자유부인의 성정치', 『여성이론』 통권 제6호, 2002. 7.

최미진, 『한국 대중소설의 틈새와 심층』, 푸른세상, 2006.

허무, 죽음과 맞서기

오상원의 〈유예〉

한국 문학사에서 1950년대의 민족 현실을 불모지로 인식하고 문학적 태도에 새로움을 창조해야 한다는 생각으로 출발한 작가 군이 있다. 소위 '신세대 작가'로 불리는 이들은 전후(戰後)에 새롭게 유입되는 서구 사조와 함께 문학의 현대성 추구라는 인식을 바탕으로 하여 새로운 문학 이념을 형성하였다. 신세대 작가들은 현실에 적극적으로 개입하고 그 현실에 저항하고 비판할 수 있는 문학적 태도가 필요하다는 인식을 누구보다도 절감했기 때문에 전쟁 체험이 불러온 불안과 허무, 극한 상황을 극복하려는 의식을 작품화하기에 주력하였다. 이러한 경향을 갖는 신세대 작가 중에서도 인간의 조건을 극복하고 현존에의 충실성을 강조한 대표적인 작가가 오상원이다.

오상원은 1930년 평안북도 선천 생으로 1953년 서울대학교 불문과를 졸업하였다. 그 후 기자 생활을 하던 그는 1955년『한국일보』에 단편소설 〈유예(猶豫)〉가 당선되어 본격적으로 문학 활동을 펼쳐 나갔다. 그보다 앞서 1953년에 신극협의회의 희곡 현상 모집에 장막희곡 〈녹스는 파편〉이 당선된 바 있으나 본격적으로 그가 소설을 창작한 것은 〈유예〉에서부터 비롯된다. 이후 그는 1958년에는 〈모반〉으로 제3회 동인문학상을 수상하기도 하였다.

오상원의 작품은 그동안 서구 실존주의 사상과 행동주의 문학의 영향을 받았다는 점에서 자주 논의된 바 있다. 그리하여 그는 전쟁 상황에서 죽음과 극한 의식을 중점적으로 다룬 작가, 인간 존재의 발굴과 자아 발견에 노력한 작가, 의식 청년을 기용하여 전쟁과 정치 권력의 비정함을 고발한 작가로 평가 받았다. 기법 면에 있어서는 감상성을 제거하고 긴박한 템포의 비정(非情)한 문체를 사용하여 객관성을 확보하였다는 점에서 긍정적인 평가를 받은 바 있다.

이 글에서는 작가 오상원의 대표작이라 할 수 있는 단편소설 〈유예〉가 어떠한 점에서 실존주의적 경향을 띤 작품인지, 또 행동주의적 요소가 이 소설에 어떻게 형상화되어 있는가 하는 문제에 대해서 살펴보고자 한다.

실존주의와 행동주의

서구에서 실존주의 철학이 학계에서 널리 논의된 시기는 제1차 세계대전 이후 1920년대 후반부터 약 10년에 걸친 시기이다. 그 무렵 실존주의 철학이 대중화될 수 있었던 까닭은 세계대전을 거치면서 전쟁이 대중들에게 직접 체험되고 그로부터 인간의 근본적 실존 상황이

전면적으로 자각되었기 때문이다.

실존수의 철학은 헤겔에서 출발하여 하이데거, 사르트르에 이어져 오늘날에 이르고 있는 사상으로 크게 두 갈래의 흐름이 있다. 하나는 야스퍼스와 마르셀 등으로 대표되는 유신론적 실존주의 계열이다. 기독교인인 그들은 자기 이상으로부터 인격신의 구원을 믿는 신앙을 절대화함으로써 참된 삶의 뜻과 가치를 찾으려 하였다. 다른 하나는 무신론적 실존주의 계열로 하이데거와 사르트르로 대표된다. 이들은 신의 구원 없이 자기 의지를 절대화시켜 자신의 존재 의의와 가치를 찾으려 한 사람들인데, 현대 실존주의 문학은 거의가 이 무신론적 실존주의에 바탕을 두고 있다.

무신론적 실존주의자에게 신은 없다. 따라서 인간 존재는 개념에 의해 규정되기에 앞서 먼저 실존하고 다음에 스스로 행위함으로써 자기 자신을 만들어 나간다. 무신론적 실존주의의 대표자인 사르트르는 사람은 스스로가 만들어가는 것 이외에 아무 것도 아니라고 하였는데, 이는 실존주의의 제1원칙이다.

사르트르는 실존주의 철학을 문학에 직접 접맥시킨 사람으로 그에 의하면 현실은 행동 속에만 있을 뿐 사람은 자신의 창안 이외의 아무 것도 아니고 자신을 실현하는 한도 내에서만 존재한다고 하였다. 그렇기 때문에 인간은 자신의 행동 전체 이외의 아무 것도 아니고 그의 삶 이외에는 아무 것도 아니다. 사르트르는 자신의 자유 이론에 입각하여 참여의 적극성과 행동주의를 강조하였다. 인간의 운명이란 인간 자신 속에 있다고 하는 행동주의에서는 사람은 자기 자신의 행동 밖에는 희망이 없다고 본다. 따라서 행동주의는 사람으로 하여금 살 수 있도록 하는 유일한 것은 행동이라고 하는 하나의 낙관적인 이론이다.

우리 문단에 실존주의 사상이 본격적으로 소개된 것은 해방 이후이지만 그것이 문학 이론으로 중심이 되는 영향력을 발휘한 것은 전후 1950년대였다. 한국 전쟁은 정신사적 측면에서 사회 부조리에 대한 비판 의식의 강화를 불러 일으킨 하나의 계기가 되었기 때문이다. 또한 1950년대는 전쟁으로 인한 패배의식과 자조의식이 야기되었으며, 한국의 전통적 가치관이 결정적으로 바뀌게 된 시기이기도 하다.

전쟁의 폐허 속에서 그동안 존엄하다고 생각되었던 인간의 생명이 의미 없이 사라지는 것을 직접 체험한 사람들은 그 대답을 기존 세상에서 찾기를 포기하고, 인간의 내면으로 관심을 돌려 실존과 본질에 대한 근본적인 질문을 제기하였던 것이다. 그들은 불안과 허무의식에 바탕을 둔 존재론적 실존을 문학의 영역에 도입시켰는데, 그 실존의 상황이 한계에 이르면 거기에 대한 출구를 모색하는 과정에서 행동주의로 연결해 나갔다.

그러므로 행동주의는 지식인들을 사회적이고 정치적인 행동으로 몰아넣음으로써 시작되었다고 할 수 있다. 행동주의 작가들은 위기와 불안, 혼돈에 당면하면 인류 공동의 문제와 인간의 근원적 문제를 탐구하고 행동하였는데, 그들은 목숨을 건 대담한 모험과 혁명을 통해서 인간의 용기를 시험하고 인간의 한계를 초극하려 하였다. 거기에서 그들은 인간의 존엄성을 찾으려 하였던 것이다.

행동주의 문학의 대표자로 일컬어지는 프랑스 작가 앙드레 말로의 작품은 당대의 여러 사건들과 얽혀 있고 대부분 자기가 직접 뛰어들었던 모험적인 행동들과 관련되어 있다. 예를 들어 광동의 폭동을 소재로 한 〈정복자〉, 인도차이나의 탐험 여행을 토대로 한 〈왕도〉, 상해혁명에서 취재한 내용을 바탕으로 한 〈인간의 조건〉, 스페인 내란에 가담한 경험에 의하여 씌어진 〈희망〉과 같은 작품들이 그런 것들이다.

그가 이처럼 정열적인 행동주의자가 된 것은 서구 문명의 위기에 대한 심각한 인식, 인간의 근원적 고독과 부조리에 대한 절박한 심정 때문이었다. 그의 작품에는 대부분 행동에 의하여 인식되는 새로운 인간의 조건들이 제시되어 있다. 따라서 인간의 근원적인 고독을 느끼는 주인공이 등장하고 그들이 자기의 존재를 확인하기 위하여 생사를 가름하는 절망과 공포의 극한 상황에 몸을 던지는 모습을 그리는 것이 대부분이다. 그들은 과감한 혁명적 모험을 통해 죽음에 대한 공포로부터 벗어난다. 순간순간 자유로운 의지에 의한 새로운 인간의 조건 및 창조적인 인간성의 새로운 모습을 발견하며, 때로는 체제에 대한 반항을 드러내기도 한다.

한국 문학사에서도 실존주의 문학 계열에서 이와 같은 행동주의적 경향을 띤 작품을 쓴 작가가 바로 오상원이다. 또 그러한 경향이 짙게 드러나 있는 작품이 단편소설 〈유예〉이다. 오상원의 소설에서 전쟁 참가자가 등장인물로 설정된 경우, 그 인물들은 거의 대부분 포로나 낙오자의 처지에 있거나 그것을 경험한 인물, 즉 극한 상황에 처해 있거나 그 상황을 경험한 인물들이다.

실존주의에서 말하는 극한 상황이란 현존재가 불확실성에 대해 불안 의식의 정점에 이르는 상황을 뜻한다. 인간의 현존재는 본질적으로 어떠한 상황 속에 있는 존재이며, 구속되어 있는 상태로부터 결코 벗어날 수 없다. 어떠한 상황에 구속되어 있는 현존재는 그 속에서 피할 수 없이 자신을 책임져야 한다. 따라서 상황은 인간이 감수하지 않으면 안 될 어떤 무엇으로, 오직 적대자와의 투쟁 속에서만 자신의 내외적 삶을 유지할 수 있다. 이러한 상황에서 현존재는 본래성과 가능성을 차단 당한 채 그 상태에서 불안을 느끼게 된다. 이에 인간은 한계성에 부딪히게 되고 이 한계성이 극에 달한 상황 속에서 유한성이 경험되는 것이다.

삶—유예된 죽음

극한 상황에 처한 인간의 한계성은 〈유예〉에 그대로 드러난다. 카뮈의 〈페스트〉나 사르트르의 〈벽〉에서도 이와 유사한 점을 찾을 수 있다. 카뮈의 〈페스트〉에는 페스트로 인한 극한 상황이 아주 사실적으로 묘사되어 있다. 치료약도 예방약도 없는 치명적인 전염병으로 인해 당국은 오랑시를 폐쇄해 버리자 사람들은 외부로부터의 구원을 기대할 수 없고 밖으로 탈출할 수도 없는 상황에 처하게 된다. 사르트르의 〈벽〉에는 생포된 프랑스 레지스탕스 청년이 등장한다. 그는 사형 선고를 받고 집행을 하루 앞두고 벽 속에 감금되어 있다. 그에게는 탈출의 기회도, 죽음을 피할 길도 전혀 없다.

〈유예〉도 이와 마찬가지이다. 주인공은 대학 재학 중 군대에 소집된 청년이다. 그는 수색대의 소대장으로 전투에 참가하여 낙오하는 바람에 포로가 되어 고립된 상황에 처해 있다. 적에게 완전히 포위되어 있고 퇴로는 철저하게 차단되어 있는 상태이다. 식량도 없을 뿐더러 원군이 올 희망도 전혀 없는 상황에서 그는 오직 죽음을 눈앞에 두고 있을 뿐이다.

이 같은 상황은 근본적으로 한국 전쟁으로부터 비롯된 것이다. 당시는 공산주의 아니면 자본주의라는 식의 흑백 논리가 지배하는 시대였다. 이러한 사고가 지배하는 세계에서 인간이란 적 아니면 동지로 이분될 수밖에 없다. 이때 적이면 바로 죽일 대상이 되고 마는, 그야말로 인간은 이데올로기의 노예이자 전체주의의 한 부속품에 불과한 존재로 취급된다. 이러한 현실에 처한 인간은 언제나 모든 것을 자기 혼자서 선택해야 하는 고독한 존재이다.

이 소설의 주인공은 한겨울 눈보라 속에서 오직 혼자만이 방향도, 위치도 모르는 곳에 고립되어 있다. 스스로 헤쳐 나갈 수밖에 없는 상황에 처해 있는 것이다. 이는 실존주의에서 인간은 본래 고독한 존재라 함을 말하는 것과 같다. 실존주의에서 인간 존재의 본질은 고독이기 때문에 인간은 그 존재 조건 자체가 외로움으로 집약된다. 신이 없는 세계에서 인간은 모든 것이 허용되는 결과로, 자신의 내부나 외부에 의지할 곳이 없어 고독하게 된다.

이 때문에 사르트르는 인간을 이 세상에 아무 뜻 없이 내던져져 있는 우연한 존재, 존재하지 않을 수도 있는 존재라고 하였다. 그는 여기에서 인간의 자유가 비롯된다고 하였다. 이때 인간은 자신의 선택과 책임 하에 스스로를 만들어 나가야 한다. 따라서 개별적인 인간은 던져져 있는 존재로서 다만 행동할 뿐인 존재이다.

행동주의적 관점에서 인간은 거짓된 삶을 살기를 거부한다. 이 소설의 주인공 역시 고립된 상황, 즉 죽음을 바로 눈앞에 두고 있는 극한 상황에 처해 있음에도 불구하고 사상 전향을 요구하는 회유에 조금도 의지를 굽히거나 목숨을 구걸하지 않는다. 이는 근원적인 고독을 느끼는 주인공이 생사를 가름하는 절망적인 상황에 처했음에도 불구하고 거짓된 삶 살기를 거부하고, 죽음에 대한 공포로부터 벗어나 자유로운 의지의 인간이 되려 하는, 행동주의 정신의 참모습을 보여 주고 있는 것과도 같다.

주인공은 혼자 현실 속에 던져져 있는 상황에서 인간 존재에 관한 물음을 제기하며 참인간을 갈구한다. 눈 속에서 밤을 보낸 그가 마을로 내려가 눈물을 머금은 채 텅 빈 인가에서 사람의 흔적을 그리워하는 장면은 행동주의 소설가 생텍쥐페리의 〈인간의 대지〉의 한 장면을 연상시킨다. 리비아 사막에 불시착한 주인공이 사막 한가운데에서 밤에 불을 피워 놓고 어디에서 누군가가 자신의 신호에 대답해 주기를 갈구하는 장면은 구조를 바라는 것이기는 하나 '살려 달라'는 단순한 외침과는 다르다. 그것은 마치 인간에게는 인간만이 가장 소중한 존재라는 것을 강조하고 있는 주인공의 목소리와도 같다.

작가는 여기에서 인간이란 도대체 어떤 존재인가, 그리고 나는 누구이며 어떻게 살아야 거짓 없는 삶을 살 수 있는가 하는 근본적인 물음을 던진다. 이는 실존주의에서 갈구하는 참인간이란 어떠한 존재인가 하는 물음과도 같은 것이다.

이 소설에는 주인공 외에 또 한 사람의 행동주의자가 있다. 그는 '포로가 되었을 때 비로소 내가 확실히 호흡하고 있는 인간이라는 것을 알았을 뿐'이라며, '한 개 기계나 도구가 아니었다는 것, 하나의 생명체인 인간으로 살아 있었다는 것, 인간으로서 죽어간다는 것'에 한

없이 기뻐한다. 청년이 했던 이 말은 무엇보다 인간이 가장 소중한 존재임을 역설한 것이다. 그는 절망적인 상황에서 거짓된 삶을 살기보다는 의연하게 죽음을 받아들이고자 하는 행동주의자의 전형적인 모습을 보여 준다.

주인공 역시 눈길을 걸어가고 있는 청년이 마치 자기인 것만 같이 느낀다. 그는 '내일을 위해 오늘의 싸움을 피한다는 것은 비겁한 수단'이며, '지금 저 눈길을 걸어가고 있는 피해자는 그가 아니라 나 자신'이라고 생각하며 던져진 현실에서 죽음과 의연히 맞서고 있다.

주인공의 죽음에 대한 이와 같은 인식은 하이데거의 철학에서 그 의미를 찾을 수 있다. 하이데거에 의하면 인간은 던져져 있는 존재이지만 그저 던져져 있기만 하는 존재에 그치지 않고 또 앞을 향하여 내던지기도 하는 존재이다. 내던진다(投企, Enwerfen)고 하는 것은 미래를 향하여 기획하고 계획한다는 뜻이다. 이때의 인간은 던져졌다는 과거적 필연에 그저 밀리기만 하거나 아무 하는 일 없이 막연하게 미래를 기다리고만 있는 것이 아니라 진지하게 나의 미래를 스스로 결정하면서 살아간다.

던져져 있으면서도 앞으로 내던지는(被投的 投企, geworfener Entwurf) 존재는 죽음에 대해서도 앉아서 기다리거나 불안에 허덕이고만 있는 것이 아니라 스스로 앞질러 죽음을 떠맡을 것을 결의함으로써 '죽음으로부터의 자유'를 얻는다. 따라서 이 소설의 주인공이나 청년은 죽음을 조금도 두려워하지 않고 오히려 죽음을 향하여 자신의 몸을 내던지고 있으므로 죽음에 당당히 맞서는 행동주의자의 전형적인 모습으로 이해할 수 있다.

행동주의적 관점에서 볼 때 죽음이란 결코 인생의 외곽에서 불시에 꼭 한 번 닥쳐올 불가피한 사건이 아니다. 그것은 아직 오지 않은 미래의 사건이 아니라 현재의 시간 속에서 항상 나 자신에게로 다가오고 있는 가장 실증적인 것이다. 죽음은 인간이 처한 모든 상황 중에서 가장 극한 상황이다. 그러므로 실존이 자각된 깊은 곳에서 자신의 죽음을 형성하는 태도를 취할 때 그것은 곧 자신의 완성을 의미하는 것으로 볼 수 있다.

〈유예〉에서 주인공이 죽음을 선택한 것은 끝까지 인간적인 자세를 잃지 않겠다는 신념 때문이었다. 그에게 산다는 것은 인간이 태어난 본연의 그대로 싸우다 죽는 것일 뿐 더 이상 아무 것도 아니었다. 그것은 결국 인생이란 '죽음이 유예된 삶'에 불과한 것이자 인간 일반에게 이미 선고된 죽음의 집행 유예에 불과하다는 의미와도 같다. 작가는 이와 같은 내용을 통해 인간은 자신의 의지와는 상관없이 존재하는 상황에서 주어진 조건에 충실함으로써 그것을 극복할 수 있다는 사실을 말해 주고 있다.

요컨대 오상원의 단편소설 〈유예〉는 전쟁이라는 극한 상황 속에서 인간 존재의 의미와 인간 행동의 의미에 대한 근본적인 물음을 제기하고 있는 작품으로, 작가는 절박한 공간, 절망적 상황에서 인간은 과연 무엇을 할 수 있으며, 인간은 어떠한 존재인가 하는 질문을 던지면서 행동과 자기 의식을 강조하고 있다. 그런 점에서 이 소설은 한국을 대표하는 한 편의 행동주의 소설이라 할 만하다.

참고 자료

오상원, 〈유예〉, 『신한국문학전집』, 어문각, 1979.

구인환 외, 『한국전후문학연구』, 삼지원, 1995.

송기형, 『앙드레 말로』, 건국대학교 출판부, 1995.

이대영, 『한국 전후실존주의 소설 연구』, 국학자료원, 1998.

장양수, 『한국 실존주의 소설 연구』, 새미, 2003.

정명환 외, 『20세기 이데올로기와 문학사상』, 서울대학교출판부, 1997.

조가경, 『실존철학』, 박영사, 1991.

장 폴 사르트르 저, 방곤 역, 『실존주의는 휴머니즘이다』, 문예출판사, 1997.

동물에 의탁한 인간의 노예근성 풍자

김성한의 〈개구리〉

작가 김성한은 1950년 『서울신문』 신춘문예에 단편소설 〈무명로〉가 당선되어 작품 활동을 시작하였다. 1956년 〈바비도〉로 제1회 동인문학상을, 그 이듬해에는 〈오분간〉으로 제5회 자유문학상을 수상한 그는 손창섭, 장용학, 오상원 등과 함께 1950년대에 활동했던 신세대 작가 중의 한 사람이다. 김성한은 풍자와 우화적 기법을 차용한 작품을 통해 관념적 사고와 예리한 지적 능력을 발휘한 작가로 널리 알려져 있다. 또 그의 작품은 주지적 · 관념적 · 형이상학적 성격을 띠고 있다는 점에서 널리 주목을 받은 바 있다. 이후 그는 1960년대에 들어서면서부터 〈이성계〉, 〈왕건〉, 〈임진왜란〉 등의 장편 역사소설을 발표하며 자신만의 독특한 문학 세계를 펼쳐 나간다.

1955년 『사상계』에 〈제우스의 자살〉이라는 제목으로 발표된 이 소설은 뒤에 〈개구리〉로 개제(改題)된, 김성한의 대표적인 단편소설이다.

남다른 현실 감각을 가지고 날카로운 풍자를 담고 있는 이 소설에서 작가는 개구리의 세계를 통해 인간의 노예근성을 풍자하고 있다. 작가는 이 소설에서 인간 세상을 떠나 동물의 세계로 그 배경을 확대한 우화의 형식을 빌려 쓰고 있다. 따라서 이 작품은 우화소설의 영역을 현대소설에서 맥을 잇고 있다는 점에서 독특한 의미를 찾을 수 있을 것이다.

비루(鄙陋)한 인간 속성 풍유(諷諭)

이 소설에는 개구리, 독수리, 사자, 황새 등 다양한 동물들이 등장하는데 작가는 이들 동물의 세계를 빌려 인간 세상의 이야기를 하고 있다. 인간의 이야기를 동물들의 입을 통해 서술하고 있는 유형의 이야기를 일반적으로 '우화'라고 한다. 도덕적인 명제나 인간 행동의 원리를 예증하는 짧은 이야기인 우화는 그 내용에 있어서 도덕적 교훈을 진술하는 것이 보편적이다. 우화 중에서도 가장 흔한 것이 '동물우화'이다. 즉 동물을 비롯한 사물의 입을 빌려서 그 속에 도덕적 교훈을 담아서 하는 비유의 이야기를 우화라고 한다면, 우화의 본질적인 문제들을 고수하면서 양적·질적으로 한층 발전한 것이 우화소설이고, 그 중에서 동물을 의인화한 것이 '동물우화소설'이다.

김성한은 한국 현대 작가 중에서 드물게 우화의 방법을 소설에서 자주 활용한 대표적인 인물이다. 그가 우화의 방법을 차용한 것은 인간의 다양한 속성과 그 세속적 삶의 추이를 효과적으로 풍자하려는 의도 때문인 것으로 보인다. 이 글에서 소개할 단편 〈개구리〉의 내용은 다음과 같다.

평화로운 산골 연못의 개구리 사회는 지도자나 왕의 개념이 없는 세상이다. 개구리로 태어난 것을 한탄하며 자기 비하에 빠져 있는 그들은 올림푸스산의 제우스신을 찾아가 지도자를 달라고 요청한다. 제우스는 통치자를 원하는 개구리들의 어리석은 행동을 꾸짖으나, 그들의 간청에 할 수 없이 통나무를 지도자로 보내 준다. 그러나 개구리들은 자신들의 편의를 위해 또 다시 새로운 지도자를 원한다. 그들의 반복되는 요구에 제우스는 다시 황새를 왕으로 보내 준다. 그때부터 개구리 사회는 아수라장이 되어 그야말로 일대 비극이 시작된다. 처음부터 자유로운 삶을 원했던 초록개구리는 제우스를 찾아가 왕을 없애 줄 것을 요청하지만 제우스는 이 모든 것은 자초한 비극이라고 말한다.

일반적으로 동물우화소설은 일정한 교훈을 표현하고 인간 세상의 결점을 풍자하는 이야기 위주로 전개되기 때문에 알레고리(allegory)의 형식을 띤다. 알레고리란 '다른 것을 말한다'는 의미를 지닌 그리스어 'allegoia'를 어원으로 하는 말이다. 우의(寓意) 또는 풍유(諷諭)라고도 하는 알레고리는 인물, 행위, 배경 등이 일차적 의미와 이차적 의미를 모두 가지도록 고안된 이야기이다. 알레고리는 표면적 의미와 이면적 의미로 이루어진 이중적 의미를 가진 이야기 유형으로 나타나기 때문에 두 가지 층위에서 읽히고 해석될 수 있다.

동물우화를 예로 들자면, 이는 일차적으로는 동물 세계의 이야기이지만 그 이면을 들여다 보면 인간 세계에 대한 풍자와 교훈을 담고 있다. 이런 관점에서 볼 때 〈개구리〉 역시 동물 세계를 빌려 이야기가 전개되지만, 작가가 이 소설을 통해 궁극적으로 말하고자 한 것은 인간 세상에서 벌어지는 갖가지 제도와 모순이므로 이 작품은 알레고리의 한 전형이라 할 수 있다.

작가는 인간 세상을 알레고리하기 위하여 등장인물의 부정적인 성격을 눈에 띄게 강조한다. 그것은 앵무새, 공작, 까투리를 비롯한 뭇새들이 독수리에게 꼼짝 못하고 엎드려 절하는 모습으로 드러냄으로써 독수리는 날짐승 세계에서 폭군 혹은 독재자라는 사실을 상징하고 있다. 그와 같은 독재자 옆에서 비위를 맞추기 위해 재잘거리는 앵무새는 독재자에게 아부하는 기회주의자 또는 간신배의 전형이다. 짐승의 행렬에서 선두로 나선 사자는 백수(百獸)의 왕으로 군림하는 존재로, 날짐승 세계의 독재자인 독수리와는 비교도 안 될 만큼의 폭군이라는 사실을 의미한다. 동물 세계의 이와 같은 장면 묘사를 통해 작가는 세상이란 힘 있는 자가 지배한다는 사실을 독자들에게 알려 준다. 작가에 의하면 이 세상은 강한 자는 먹고 약한 자는 먹히는 약육강식의 원리가 지배하는 사회라는 것이다.

한편, 권력에 대한 욕심으로 가득 찬 얼룩개구리는 "개구리 세상은 데데해서 살 수가 있어야지. 왕두 없구. 더군다나 왕이 무엔지두 모르는 바보천치라 기막힐 노릇이지."라고 하면서 시종일관 개구리로 태어난 것을 한탄하며 스스로 만족하지 못하고 있다. 얼룩개구리는 지도자 밑에서 질서 정연하고 위풍당당하게 살고 있는 날짐승을 비롯한 뭇짐승 세계를 부러워한다. 얼룩개구리는 통치자가 없는 개구리의 세계는 상하도, 예의범절도 없는 세상이라고 끊임없이 비하하면서 자기들의 세상에도 지도자가 등장하여 하루빨리 무질서가 질서로 정돈되기를 바란다. 이때 무조건 왕을 내려 달라 하는 얼룩개구리는 주체성 없이 남에게 의지하여 자기의 존립을 꾀하려는 사대주의적 성격을 그대로 보여 준다. 이는 작가가 얼룩개구리를 통해 주체성 없이 남에게 의지하려 하는 인간의 속성을 알레고리하고 있는 것이다.

그러나 질서를 유지하고 자신들을 통치할 군주를 갈망하는 얼룩개구리의 요청에 제우스는 그를 엄중히 꾸짖는다. 제우스는 어리석은 자의 눈에는 이 세상이 무질서로 보이겠지만, 실은 그 뒤에 더 높은 질서가 있음을 지적한다. 그것을 두고 제우스는 "사자는 사자, 독수리는 독수리, 개구리는 개구리다."라고 하며 각자 누구에게나 주어진 본분이 있음을 강조한다. 각자의 본분에 충실하지 못하고 지도자를 내세워 그의 통치를 원하는 것은 애써 멍에를 씌워 구속 당하려 하는 노예근성에서 비롯된 어리석은 생각이라는 것이다.

그럼에도 불구하고 얼룩개구리는 또 다시 지도자를 간절히 원한다. 제우스는 통나무를 지도자로 보내 주지만, 있는 그대로의 세상에 만족하지 못하는 얼룩개구리는 또 다시 새로운 왕을 요청한다. 결국 제우스는 황새를 왕으로 보내주게 되고, 이때부터 연못은 일대 혼란에 빠진다. 황새는 닥치는 대로 개구리를 잡아먹고 주체성 없는 얼룩개구리는 오로지 왕의 비위를 맞추느라 폭정과 폭압을 서슴지 않는 간신배 재상으로 변모하고 만다. 작가는 이와 같은 얼룩개구리의 행동을 통해 주체성을 상실하고 오로지 힘과 권력에 빌붙어 아부하는 기회주의적인 인간과 그러한 인간들이 살아가는 세상을 비판하고 있다.

이 소설에는 파랑개구리와 검둥이개구리가 등장한다. 이들은 지도

자가 무엇인지조차 모르는 순진하고 어리석은 우민(愚民)으로 그려진다. 이러한 유형의 인물을 사회학적 용어로 '즉자적(卽自的) 민중'이라고 한다. 흔히 '잠자는 민중'이라고 일컬어지는 이들은 자신이 민중이라는 의식을 하지 못한다. 대세에 영합하고 부화뇌동(附和雷同)하는 우중(愚衆), 혹은 속물들인 즉자적 민중은 지배자들에 의한 부당한 피지배를 깨닫지 못하거나 만약 그것을 깨닫는다 하더라도 억울하다거나 피해라고 느끼지 못하고 숙명으로 체념하도록 훈련된 민중이다. 피지배자의 입장에서 보면 이들은 편리하고 우직한, 순종하는 민중이다.

이들 즉자적 민중이 잠에서 깨어나면 '대자적(對自的) 민중'이 된다. 대자적 민중은 자신이 부당하게 조종되고 억울하게 빼앗기고 있는 피지배자임을 깨닫고 분개하며, 결국에는 모순에 찬 기존 질서를 바꾸기 위해 행동한다. 〈개구리〉에서는 정체성을 상실한 속물로 묘사되고 있는 얼룩개구리나 순진하고 무지한 우민(愚民)으로 그려지고 있는 파랑개구리나 검둥이개구리를 즉자적 민중이라고 한다면, 이들에 반기를 들고 있는 초록개구리는 대자적 민중의 전형이다.

다른 개구리들은 지도자와 그의 통치를 따르자는 의견에 찬성하지만, 초록개구리는 지배와 피지배의 이원적 구조보다는 스스로가 선택한 자유로운 삶을 강조한다. 얼룩개구리처럼 권력욕에 사로잡힌 비겁한 지도자는 필요 없다고 하는 초록개구리는 다른 인물들에 비해 자존심 있고 용기 있는 인물로 그려지고 있다. 그는 마치 진정한 자유와 평등이 무엇인가를 늘 염두에 두면서 현실 문제를 직시하고 위급한 상황에서 거침없이 행동하는 이상적인 지식인의 표상과도 같이 묘사된다.

자초(自招)한 족쇄(足鎖)

이 소설에서 작가는 스스로 우상을 만들어 그에 얽매여 살아가는 인간의 어리석음을 비판한다. 인간이 믿고 따르는 신(神)이라는 존재도 그렇고 다른 모든 제도도 마찬가지라는 것이다. 제우스는 신이란 유일한 존재도 아니고 다만 인간들이 그들의 의식에서 만들어 낸 존재에 불과하다 함을 역설한다. 이 말은 결국 신은 존재하지 않는다는 뜻이기도 하다.

이는 신의 구원 없이 자신의 의지를 절대화시켜 자기 존재의 의의와 가치를 찾으려 하는 무신론적 실존주의 철학자들의 견해와 흡사하다. 무신론적 실존주의자들은 신의 구원 없이 자신의 의지에 따라 자기 존재의 의미와 가치를 찾으려 한 사람들이다. 따라서 이 소설에서 제우스가 말한, 신은 처음부터 아예 존재하지 않는다고 한 것은 신의 권위를 부정하는 무신론적 실존주의 사상과 같은 맥락으로 이해할 수 있다.

제우스는 천국과 지옥의 세계 역시 신과 마찬가지로 모두 의식의 조작에서 비롯된 것이라 한다. 천국과 지옥은 인간의 의식에서 만들어 낸 세계일 뿐, 실제로는 아무것도 존재하지 않는다는 것이다. 이렇게 스스로의 의식이 만든 신은 마침내 인간을 노예로 만들고 말았다. 이는 이 소설에 나타난 바와 같이 개구리 세계에서 스스로 지도자를 원해 황새를 왕으로 얻게 되고 그 독재자의 통치로 고통과 비극을 자초한 것과 같은 의미이다.

실존주의에서 말하는 인간 존재는 개념에 의해 규정되기에 앞서 먼저 실존하고 다음에 스스로 생각하고 행위함으로써 자신을 만들어 나간다. 인간은 어떠한 초월적인 존재에 의해 이미 만들어진 것이 아니라 스스로 생각하고 행동함으로써 자신을 만들어 나가는 현실적인 존재이기 때문이다. 실존주의에서 말하는 이러한 사상은 사르트르의 '사람은 스스로가 만들어 가는 것 이외에 아무 것도 아니다.'라는 말에 응축되어 있다.

그에 의하면 인간은 이 세계에 아무 뜻 없이 내던져져 있는 우연한 존재이므로 인간은 자신의 선택과 책임 하에 스스로를 만들어 나가야 한다. 따라서 인간은 인간 이외의 어떠한 초월적인 권위에도 의존하지 않는다. 창조신, 선천적 운명 등 그 어떤 것도 인간을 규정할 수 없으므로 우리에게 남은 길은 스스로가 규정하는 것뿐이다. 곧 인간은 자기 이외에는 그 어떤 것에도 책임을 돌릴 수 없는 절대적인 자유 존재라는 것이다.

한 걸음 더 나아가 작가는 현대는 새로운 신 아닌 신이 등장하여 인간을 속박하고 있음을 지적한다. 그는 새로운 신 아닌 신, 즉 이데올로기의 등장으로 인해 세상은 싸움과 지옥으로 변해 버렸다고 한다. 이데올로기란 세계관, 종교관, 가치관, 사상, 사고방식 등 개인이나 사회 집단의 사상, 행동 등을 이끄는 관념이나 신념 체계를 총체적으로 일컫는 말이다. 오늘날에는 우리가 잘 알고 있듯이 자본주의, 공산주의, 사회주의 등과 같은 수많은 이데올로기가 존재한다. 현대사회에 존재하는 이와 같은 이데올로기는 신이라는 존재와 마찬가지로 인간의 의식이 만든 허상에 불과한 것으로, 이는 스스로 만들어 속박 당하는 인간의 노예근성에서 비롯된 것임을 작가가 강조하고 있는 것이다.

이 소설이 발표된 1955년은 전쟁 이후 우리나라가 사회적으로 굉장히 혼란스러운 상황이었다. 작가는 개구리 세상에서 일어나는 온갖 추한 욕망, 다툼, 혼란을 통해 당시 한국의 사회 현실도 6·25로 인하여 혼돈과 상처를 입은 시대임을 말하고 있다. 이 지옥과 같은 현실은 인간이 스스로 만들어 낸 이데올로기와 그것의 대립이 원인이 되어 초래된 결과이며, 이것은 우리만의 비극에서 그치는 것이 아니라 세계의 비극으로 이어지고 있음을 상징적으로 보여 준다.

인간이 신을 찾는다거나 이데올로기를 만들어 힘과 권력을 얻기 위해 전력을 다하는 것은 스스로 만든 족쇄에 얽매이는 노예가 되는 결과를 불러올 뿐이다. 그리하여 작가는 이 소설의 말미에서, "간악도 힘이다. 힘 있는 자가 없는 자에게 이기는 것은 대자연의 철칙이다. …… 저 산에 핀 노란 꽃을 보아라. 지금 시름없이 꽃잎이 지고 있다. 저것이 만물의 운명이다."라고 하며, 세상은 오직 '자연'이라는 거대한 신의 지배를 받을 뿐이라 함을 말해 준다. 황새는 개구리를 먹고, 개구리는 물고기를 먹고, 꽃은 피고 또 지는 등 이 세상은 자연의 순리대로 진행된다. 오직 자연이라는 신이 존재함으로써 인간은 자연으로 회귀할 수밖에 없다. 그러므로 작가는 이 소설을 통해 각자가 맡은 본분을 다하고 순리대로 살아가는 것이 세상사의 진리임을 말하고 있다.

참고 자료

김성한, 〈개구리〉, 『김성한중단편전집』, 책세상, 1996.
김재환 편, 『한국서사문학과 동물』, 보고사, 2005.
사르트르 저, 방곤 역, 『실존주의는 휴머니즘이다』, 문예출판사, 1992.
유재천 편, 『민중』, 문학과지성사, 1984.
정명환, 『20세기 이데올로기와 문학사상』, 서울대학교출판부, 1982.
조가경, 『실존철학』, 박영사, 1995.
M. H. Abrams, 최상규 역, 『문학용어사전』, 예림기획, 1997.

소외와 이기심이 만연한 비정한 세상

김승옥의 〈서울 1964년 겨울〉

한국 현대문학사에서 1960년대를 대표하는 작가 김승옥은 1941년 일본 오사카에서 태어나 해방되던 해에 귀국하여 그 이듬해에 순천에 정착하였다. 어린 시절 일본말밖에 할 줄 몰라 아이들로부터 놀림감이 되기 싫어 아예 말을 하지 않았다는 그는 초등학교에 들어가서야 겨우 한국말을 배우기 시작하였다. 우리말을 의식적으로 학습한 당시 그의 노력은 훗날 모국어의 감수성을 누구보다도 예민하게 체득하게 되는 계기를 마련해 준 것으로 평가되고 있다.

그는 초등학교를 졸업할 때까지 매일 서점에 들러서 책을 읽다보니 서점에 더 이상 읽을 책이 없을 정도로 독서를 많이 했다는 이야기가 전해지고 있다. 그 정도로 그는 어린 시절부터 왕성한 독서 체험을 한 것으로 알려져 있다. 그 무렵 손창섭, 장용학을 비롯하여 월북 작가의 작품에 매료된 그는 '소설이야말로 가장 정확하게 자기 세대를 이야기할 수 있는 유일한 도구'라는 생각을 하였으며, 그때 평생 소설을 애독하는 독자가 되기로 결심하였다고 한다.

12세 때 월간 『소년세계』에 동시를 투고한 이후 동시와 콩트 창작에 몰두하였으며, 순천고등학교 재학 당시 『신문예』에 시를 발표하여 상을 받기도 하였다. 이후 서울대학교 불문과에 입학한 그는 학창 시절에 경험한 문화적 충격으로 서울과 지방의 문화가 다르다는 인식을 비로소 하게 되었다. 이때 지역적 차이에서 오는 본질적인 문화 차이는 그의 내면에 소외와 불안의식을 싹트게 했던 계기가 되었다고 전해진다.

1961년 겨울, 그는 군 입대를 앞두고 자신의 문장력을 테스트하기 위해 쓴 단편소설 〈생명연습〉을 그 이듬해 『한국일보』 신춘문예에 응모하여 당선됨으로써 본격적으로 소설 창작에 매진하였다. 1962년에는 김치수, 김현, 염무웅, 서정인 등과 함께 동인지 『산문시대』를 발간하였다. 『산문시대』는 앞 세대의 문학 형식을 거부하고 4·19 혁명의 역동적인 자유와 정신을 새로운 문학 형식으로 환원하려는 경향을 띠었는데, 그는 여기에 〈건〉, 〈환상수첩〉 등을 발표하는 등으로 자신의 문학적 토대를 구축해 나갔다.

1964년 〈무진기행〉 발표 이후 그 이듬해는 〈서울 1964년 겨울〉로 제10회 동인문학상을 수상하는 한편, 1977년에는 〈서울의 달빛 0장〉으로 제1회 이상문학상을 받는 등 작가로서 눈부신 활약을 이어갔다. 또 재학 시절 학생신문 『새 시대』에 만평을 그린 것을 비롯하여 『서울경제신문』에 만화 〈파고다 영감〉을 연재하는 등 소설 이외의 다른 분야에서도 발군의 실력을 보여 주었다. 1977년에는 서음출판사에서 간행한 소설집 『서울 1964년 겨울』의 장정을 직접 그려 그림 쪽의 재능도 인정받은 바 있다.

1966년 〈무진기행〉의 시나리오를 집필하면서 영화계와 인연을 맺은 그는 이어령의 〈장군의 수염〉을 각색하여 대종상 각본상을 수상하였다. 조선작의 〈영자의 전성시대〉, 조해일의 〈겨울여자〉, 김지연의 〈내일은 진실〉 등을 각색하여 당시 최고의 각색자로서 명성을 날리기도 하였다. 그 후 1980년 〈동아일보〉에 장편소설 〈먼지의 방〉을 연재하던 중 광주 민주화 항쟁으로 인해 집필 의욕을 상실하고 연재를 중단하였으며, 1980년대 초에 종교적 계시를 받은 것을 계기로 돌연 종교에 귀의하면서 사실상 절필에 들어갔다.

1964년부터 1980년까지 16년 동안 27편 정도의 소설을 남긴 그는 현재 4·19 세대를 대표하는 작가이자 전후 문학 최고의 천재 작가, 1960년대 문학의 기둥으로 평가되고 있다. 흔히 감수성의 혁명, 단편소설의 전범(典範)이라는 평을 들어온 그의 작품은 지적인 절제와 회화적 선명성, 뛰어난 문체로 전후 문학에서 1970년대와 1980년대의 소설을 새로운 변화로 이끌어 내는 가교 역할을 담당했다는 찬사를 받아오고 있다.

충격과 혼란의 시대상 고발

〈서울 1964년 겨울〉은 1965년 6월 『사상계』에 발표된 단편소설로, 그해 동인문학상 수상작이다. 한 비평가는 한국의 1960년대 문학을 말하는 경우 첫 번째로 거론해야 할 작가가 김승옥이며 그의 문학을 말할 때 가장 먼저 거론해야 할 작품이 〈서울 1964년 겨울〉이라고 말한 바 있다. 그만큼 한국 현대소설의 역사상 김승옥의 위치는 획기적인 것이었고, 그러한 획기적인 성격을 잘 나타내어 주는 작품이 〈서울 1964년 겨울〉이라 할 수 있다. 그런 점에서 볼 때 이 작품은 1960년대의 시대적 특성을 잘 파악하고 있으며, 그 시대의 전형적인 도시인, 곧 한국인의 특징을 가장 잘 그려 보여 주고 있는 작품이라 할 만하다. 소설의 내용은 다음과 같다.

1964년 겨울, '나'는 서울의 어느 선술집에서 '안'이라는 대학원생을 우연히 만난다. '나'는 육군사관학교에 지원했다가 낙방하고 제대한 뒤 구청 병사계에서 근무하는 스물다섯 살의 청년이고, 부유해 보이는 '안'은 나와 동갑인 대학원생이다. '나'와 '안'은 파리를 사랑하느냐, 꿈틀거리는 것을 좋아하느냐 하는 등의 쓰잘 데 없는 대화를 주고받다가 자리를 뜨려는 순간, 서른대여섯 살쯤으로 보이는 또 다른 남자가 대화에 끼어든다.

서적 외판원인 그 남자는 그날 낮에 아내가 급성 뇌막염으로 병원에서 사망했는데 장례비가 없어서 시신을 팔고 4천 원을 받았다는 사연을 '나'와 '안'에게 털어놓는다. 그 남자는 그날 밤 그 돈을 다 써야 한다며 그들에게 자신을 도와 달라 한다. 그들은 중국 음식점, 양품점, 과일장수에게 돈을 쓰지만 그래도 돈이 남아 쓸 데를 궁리하던 중 택시를 타고 불자동차를 따라간다. 화재 현장에 도착한 세 사람이 불구경을 하던 도중 '그'는 남은 돈을 불길 속으로 모두 던져 버린다.

'나'와 '안'은 그 남자와 작별하려 하나 '그'는 계속 함께 있기를 원하여 세 사람은 할 수 없이 여관에 들게 된다. 한 방에 머물기를 원하는 그 남자를 무시하고 세 사람은 각각 다른 방에서 하룻밤을 보내게 되는데, 이튿날 아침 그 남자는 자살한 채 사체로 발견된다. 그 사실을 알게 된 '나'와 '안'은 뒷일이 귀찮아 도망치듯 여관을 빠져나와 각자의 길을 간다.

우선 이 소설에는 1960년대 한국과 그 시대의 문제적 상황에 대한 예리한 작가의 시선이 포착된다. 6·25 전란으로 인한 폐허 뒤에 찾아온 1960년대의 한국은 그야말로 또 다른 혼란과 충격의 시대였다. 정치적으로는 4·19와 5·16 혁명이 일어났으며, 경제적으로는 자본주의 경제 시대로 접어들었다.

해방 이후 우리나라는 미국 진영에 편입되면서 경제 체제 면에서는 자본주의 국가가 된 셈이었다. 그러나 자본이 없는 당시 한국으로서는 명분만 앞세운 자본주의에 불과하였다. 그러다가 5·16 이후 본격적으로 변화가 시작되었다. 이른바 계획 경제 시대로 불리는 그 시대는 우리 민족 대다수가 극한적인 가난에서 벗어나기 시작한 시기였다. 그러나 당시는 정통성과 도덕성이 결여된 군사 독재 정권의 폭압으로 인해 자본주의가 안고 있던 모순이 온갖 병폐를 파생시키기 시작한 시기이기도 하였다.

이와 같은 기형적인 자본주의는 부유한 계층은 더욱 부유하게 만들고 가난한 계층은 더욱 가난하게 만들었다. 극심한 빈부 격차에서 비롯되는 상대적 박탈감, 극도의 이기주의와 타산적인 이해관계는 1960년대부터 우리 사회에 본격적으로 발생하기 시작한 병증이었던 것이다. 작가는 그와 같은 당시 우리 사회의 문제를 예리하게 포착하여 작품에서 적나라하게 고발하고 있다.

소외와 단절이 불러온 현대사회의 비정함

〈서울 1964년 겨울〉에서 작가는 등장인물의 대화와 행동을 통해 모든 가치 기준을 돈에 두려는 현대인의 경향을 드러내고 있다. 그것은 선술집에서 '나'와 '안'의 대화에 끼어든 30대 남자의 정체를 두 사람이 알려고 하지 않는 것에서부터 알 수 있다. '나'와 '안'은 그 남자가 '가난한 사람이라는 것만은 분명하게 느낄 수 있었기' 때문에 더 이상 그에 대해 알려고 하지 않는다. 선술집에서 일어나려 할 때도 '나'와 '안'은 각자 계산하기 위해 주머니에 손을 넣고 있는데 여기서 우리는 '나'와 '안'이 남을 위해 조금도 돈을 쓰려 하지 않는 사람으로 묘사된 것을 읽을 수 있다. 오히려 '나'와 '안'은 그 남자가 음식을 대접하려 하자 그에게 어떤 꿍꿍이속이 있는 것이 아닌가 생각하며 불안해하기까지 한다.

세 사람이 돈을 쓰고 다니는 모습에서도 작가가 의도한 함축적인 의미를 파악할 수 있다. '그'는 그날 밤 돈을 다 써야 한다면서 중국 음식점으로 가서 음식을 사 먹게 하고, 택시를 타게 하고 넥타이와 귤을 사주기도 한다. 이러한 그의 모습은 현대 자본주의 사회의 사람들이 보여 주는 소비의 무의미성을 뜻하는 것이다. 또 그가 아내의 시신을 팔아버린 자신의 행위를 괴로워하면서 쓰다 남은 돈을 모두 불 속에 던져 버리는 것은 현대인들이 돈의 노예가 되어 있는 자신의 모습에 잠깐 눈을 뜨게 되고 거기서 느끼는 괴로움을 작가가 묘사하고 있는 것으로 이해된다.

나아가 '나'와 '안'이 주고받는 대화에서는 현대인의 과도한 소유욕

이 그대로 드러난다. 그것은 '안 형, 파리를 사랑하십니까?' 하는 '나'의 물음이나, '날 수 있는 것으로서 손에 붙잡힐 수 있는 것'이라는 이유로 파리를 사랑한다는 '나'의 말에 '안'이 동의하는 것에서 잘 드러난다. '나'와 '안'에게는 어떤 것이든 소유할 수 있을 때만 의미가 있다. 그것은 무엇이든지 소유의 대상이 될 때만 가치와 의미를 부여하고, 소유하되 혼자만이 차지하려는 현대인들의 욕망 그 자체를 상징하는 단적인 예라 하겠다.

계속해서 이어지는 '나'와 '안'의 말장난과도 같은 대화는 무의미한 언어로 겉돌고 있는, 현대사회의 사람과 사람 사이의 비정한 관계를 상징한다. 그들은 서로 말을 주고받고는 있으나 그것은 인간과 인간 사이에 이루어지는 진정한 소통이 아니다. 그들은 함께 있으면서 마치 각각으로 있는 것과도 같은 상황을 보여 준다.

실존주의 철학자 마르틴 부버(Martin Buber)는 이와 같은 대화 상황을 '위장된 독백'이라 하였다. '위장된 독백'이란 타인에게 진실로 말을 걸지 않은 채 이야기를 한다는 의미로, 타자가 있음에도 불구하고 각자는 실제로 타자에게 말하고 있지 않은 상황을 이른다. 부버에 의하면 이 상황에서 각자는 단지 자신에게 말하고자 할 뿐인데, 이는 결국 타자에게 자신의 입장을 강요하고 있는 것이나 마찬가지라는 것이다. 대화에서 자신에게 말하기 위해 타자의 말이 끝나기만을 기다리는 이러한 상황은 진정한 대화가 아닌, 거짓 대화이다.

사람과 사람과의 관계에서 진정한 대화는 각자가 정체성을 지닌 채 대화에 참여하여 책임 있는 신념으로 응답할 때 비로소 가능하다. 이는 자기 자신보다 타자에 몰두해야 가능한 일이다. 이 소설에서 '나'와

'안'이 이처럼 서로 공유할 수도, 공감할 수도 없는 무의미한 정보만을 늘어놓는 것은 그만큼 두 사람이 서로에게 의미 있는 존재가 아니며 나눔의 대상도 아님을 의미하는 것이다. 결국 작가는 도시인의 냉랭함, 친화력이 없는 사람들의 서먹함을 보여 주는 이와 같은 무의미한 대화를 통해 현대인의 단절된 인간관계를 상징하고 있다.

단절된 인간관계, 즉 체온이 통하지 않는 인간관계로 상징되는 현대사회는 고독과 소외가 지배하는 세계이다. 독일의 사회학자 퇴니스(Ferdinand Tönnies)는 소외 이론을 통해 인간과 인간의 결합에는 두 가지 기초가 있음을 제시한 바 있다. 공동 사회라고 불리는 게마인샤프트(Gemeinschaft)와 이익 사회라고 불리는 게젤샤프트(Gesellschaft)가 그것이다. 게마인샤프트의 전형적인 예로는 가족관계를 들 수 있는데, 이는 때로 분리가 있기는 하지만 통일이 지배적이다. 이에 비해 게젤샤프트는 계약 관계로 성립되는 사회 단위로, 서로의 필요에 따라 통일도 있지만 분리가 지배적이다. 현대사회로 갈수록 인간과 인간 사이의 분리는 너무나 깊어져 가고 각자가 고립되어 있기에 퇴니스는 세계가 게마인샤프트가 지배하는 시대에서 게젤샤프트가 지배하는 시대로 이행해 간다고 하였다.

이 소설의 인물들이 주고받는 대화에서 우리는 게젤샤프트적인 인간의 일면을 볼 수 있다. 30대 중반의 그 남자가 그날 낮에 세상을 떠난 아내에 대하여 이야기하자 '나'와 '안'은 "네에에. 그거 안 되셨군요."라고 하지만 곧 '안'은 손가락으로 '나'의 무릎을 찌르며 '우리는 꺼지는 게 어떻겠느냐는 눈짓'을 보내고 '나'도 그에 동의하는 장면에서 그와 같은 면이 잘 드러난다.

또 아내와 사별한 그 남자가 슬픔과 외로움을 견뎌 내기 어려워 '나'와 '안'에게 같이 있어 주기를 애설할 때도 두 사람은 마지못해 그를 따라 여관으로 가지만, 혼자 있기 싫으니 같은 방에서 밤을 새자는 그의 사정을 끝내 냉정하게 거절한다. 더군다나 '안'은 그 남자가 밤새 죽으리라는 것을 짐작하면서도 그대로 버려둔다. 그렇게 본다면 '안'은 그 남자의 죽음에 잔인할 정도로 냉정하게 방조한 셈이다. 이와 같은 장면에서 우리는 같이 있으면서도 마치 혼자 있는 것과 같은, 현대인의 비정함을 발견할 수 있다.

한편, 소설에 등장하는 세 사람들은 모두 갈 곳이 없는 무지향성의 인물들이다. 그렇기에 그들은 이곳저곳으로 몰려다니는데 이는 그들이 아무 데도 갈 곳이 없기 때문에 아무 데나 가고 있음을 보여 주는 것과도 같다. 서울이라는 대도시의 밤을 표류하는 이들의 삶이란 어떤 뚜렷한 목적도, 주체도, 방향도 없는 무상의 행위에 다름 아니다. 이런 그들의 행위는 현실적인 삶에 아무런 객관적인 목표도, 합리적인 지표도 없음을 입증하는 것이기도 하다. 작가는 이러한 인물들의 행위를 통해 아무런 지향점 없이 무의미한 나날을 살아가고 있는 당시 한국인들의 삶을 지적하고 있다.

이 소설에 등장하는 인물들의 또 다른 특징으로 몰개성성을 거론할 수 있다. 세 사람의 이름이 나오지 않고 '나'는 '김'으로, 부잣집 대학원생은 '안'으로, 심지어 30대의 가난한 그 남자는 성도 이름도 모르는 채 죽고 마는 인물로 그려지고 있다. 작가는 산업사회로 진입해 가는 1960년대 우리 사회가 기계화·조직화되어 인간이 한 개의 부속품 취급을 당할 수밖에 없는 상황이었으며, 그런 세상에서 한 개인의 이름 같은 것은 소용이 없다는 사실을 익명으로 존재하는 등장인물들을 통해 알려 주고 있다.

요컨대 김승옥의 〈서울 1964년 겨울〉은 산업 자본주의가 지향하는 물질 축적으로 눈을 돌리기 시작한 1960년대 중반 한국 사회의 정신적 폐허를 그린 소설이라 할 수 있다. 이는 산업사회 도시인의 특징을 그리는 동시에 그것을 단절과 소외라는 인간의 숙명적 한계로 확장시키고 있는 작품이라는 점에서 더욱 큰 의미를 찾을 수 있을 것이다.

참고 자료

김승옥, 〈서울 1964년 겨울〉, 『무진기행』, 민음사, 2007.
강선보, 『만남의 교육철학』, 원미사, 2003.
권영민 엮음, 『한국현대작가연구』, 문학사상사, 1991.
문학사와비평연구회 편, 『1960년대 문학연구』, 예하 1993.
프리츠 파펜하임, 황문수 역, 『현대인의 소외』, 문예출판사, 1989.

전란이 남긴 상흔과 상처 치유

박완서의 〈나목〉

1931년 경기도 개풍에서 태어난 소설가 박완서는 일찍이 아버지를 여의고 어머니, 오빠와 함께 서울로 이주하여 줄곧 도시에서 생활하였다. 어린 시절 한때 시골에서 자유로운 시절을 보낸 그녀는 서울에서 도시 아이들과 지내면서 많은 고달픔을 느끼면서 힘든 학창 시절을 보냈다. 그 당시 서울에서 어머니의 간섭을 받으며 도시 아이들과 지냈던 생활의 애환을 그린 것은 그녀의 여러 자전소설에서 상세하게 기술되고 있다.

숙명여고를 졸업한 박완서는 1950년에 서울대학교 국문과에 입학하였지만 6·25로 인하여 학업을 중도에 포기할 수밖에 없었다. 당시 의용군으로 나갔다가 부상을 입고 돌아온 오빠가 그로부터 몇 달 뒤 세상을 떠나고 말아 노모와 어린 조카들의 생계를 책임져야 했기 때문이다. 자신을 늘 따라다녔던 심각한 가난을 해결하기 위하여 그녀는 미8군의 PX 초상화부에 취직하여 일했으며, 1953년에는 직장에서 만난 남자와 결혼하여 줄곧 살림에 묻혀 지냈다. 그러다가 1970년, 불혹의 나이가 되던 해에 『여성동아』의 여류 장편소설 공모에 〈나목(裸木)〉이 당선되어 문단에 발을 들여놓았다.

근대화되어 가는 도시에서의 삶과 젊은 시절에 경험한 이념의 대립, 그리고 오빠의 죽음이라는 충격을 가져다 준 전쟁은 줄곧 박완서 문학의 기본적인 토대를 이루어 왔다. 일상을 세심하게 관찰하여 그 이면에 숨겨진 진실까지 진솔하게 드러내는 소설을 다수 발표한 그녀는 많은 비평가들로부터 다채로우면서도 품격 높은 문학의 결정체를 탄생시켰다는 평가를 받고 있다. 그리하여 그녀는 뛰어난 풍속 화가로서 시대의 거울 역할을 충실히 해왔을 뿐 아니라 삶을 진지하게 접근하는 구도자의 길을 걸어온 사람으로 일컬어진다.

박완서는 비록 마흔이라는 늦은 나이에 등단하였으나 그 이후로 줄곧 왕성한 작품 활동을 해 왔다. 등단 이후 거의 한 해도 거르지 않고 해마다 장편소설을 연재하는 동시에, 단편소설과 에세이를 발표하는 등 지속적으로 창작 활동을 이어갔다. 한국 전쟁의 아픔을 다룬 데뷔작 〈나목〉에서부터 시작하여 〈목마른 계절〉, 〈세상에서 제일 무거운 틀니〉, 〈아저씨의 훈장〉, 〈겨울 나그네〉, 〈그해 겨울은 따뜻했네〉 등을 비롯, 1970년대의 사회적 풍경을 그린 〈도둑맞은 가난〉, 〈도시의 흉년〉, 〈휘청거리는 오후〉 등을 통해 우리 사회의 아픔을 사실적으로 그려내었다.

그 후 〈살아 있는 날의 시작〉에서 여성에 대한 관심을 가지기 시작하여 행복한 결혼에 대한 물음을 던지고 있는 소설 〈서 있는 여자〉,

〈그대 아직도 꿈꾸고 있는가〉를 통해 여성 문제를 본격적으로 조명하기 시작하였다. 또한 〈비방〉, 〈그 많던 싱아를 누가 다 먹었을까〉, 〈그 산이 정말 거기 있었을까〉와 같은 작품에서는 개인사와 가족사를 바탕으로 하여 우리 사회의 문제적 상황을 구체적으로 조망해 나갔다.

등단 이후 계속 베스트셀러 작가 대열에 속해 있었던 작가 박완서는 그동안 〈그 가을의 사흘 동안〉으로 한국문학작가상을, 〈엄마의 말뚝 2〉로 제5회 이상문학상을 받았으며 〈꿈꾸는 인큐베이터〉로 제38회 현대문학상, 〈나의 가장 나종 지니인 것〉으로 제25회 동인문학상을 수상하는 등 한국의 유수한 문학상을 받은 바 있다. 〈나목〉을 비롯한 〈그대 아직도 꿈꾸고 있는가〉 등 다수의 장·단편소설이 영어, 불어, 독어, 스페인어 등으로 번역 출판되어 국외에서도 상당히 많은 독자를 확보하고 있다. 2006년에는 문화 예술인으로서는 처음으로 서울대학교에서 명예문학 박사학위를 받았으며, 수필집 『못 가본 길이 더 아름답다』를 마지막으로 2011년 세상을 떠났다.

현재 그녀가 남긴 많은 소설 중에는 〈엄마의 말뚝〉 연작이나 〈미망〉 등 문학성을 크게 인정받고 있는 작품들도 있으나, 자전적인 성격을 띤 작품도 다수 있고 비교적 가벼운 주제를 담고 있는 소설도 상당수 발견된다. 예를 들어 작가는 〈그 많던 싱아는 누가 다 먹었을까〉, 〈그 산이 정말 거기 있었을까〉와 같은 소설에서는 자신의 체험을 고스란히 보여 주고 싶었으며 그 시대의 풍속을 재현하고 싶었다는 말을 직접 언급하고 있다.

이들 작품처럼 자신이 겪은 체험을 굴절하지 않고 그대로 소설화한 자전소설이나 시대 상황을 여과 없이 재연하고 있는 몇몇 소설들에 비해 이 글에서 살펴볼 〈나목〉은 조금 다르다. 무엇보다 이 소설은 작가 자신의 체험을 해체하여 허구로 재구성하고 있는 한 편의 수준 높은 자전소설로 볼 수 있기 때문이다.

미군 PX 초상화부에서 근무하는 스무 살 여성의 시각에서 담아 낸 이 소설은 1·4 후퇴 후 암담하고 불안한 시기에 텅 빈 서울에 남겨진 사람들에게 주어진 전쟁의 상흔, 젊은 시절에 작가가 경험한 사랑 이야기를 진솔하게 담아 내고 있는 작품이다. 실제로 작가 자신이 스무 살에 PX 초상화부에 근무하면서 만난 박수근 화백을 떠올리며 쓴 소설이라는 이 작품은 전쟁이라는 상황 속에 처한 인간의 모습을 진지하고 사실적으로 그리고 있을 뿐 아니라 예술적 성취도에 있어서도 수준급에 이르는 작품으로 평가 받고 있다. 작가 스스로가 밝힌 것처럼 가장 순수한 마음으로 썼던, 자신이 가장 사랑한 소설이라는 〈나목〉은 과연 무엇을 말하고 있는 작품인지 알아보기로 하자.

전쟁이 초래한 암울한 세상

〈나목〉은 6·25 사변이 한창 치열하던 시절, 전쟁이 인간과 세계를 어떻게 파괴하고 황폐화시키는가를 잘 보여 주는 작품이다. 소설의 내용은 다음과 같다.

갓 스무 살이 된 주인공 이경은 6·25 전쟁 중 두 오빠를 잃고 홀어머니와 단둘이 살고 있다. 남편을 잃은 데 이어 아들까지 전쟁으로 잃어버린 어머니는 삶에 대한 의미를 상실한 채 무기력하게 살아간다.

이경 역시 이런 암울한 집안 분위기에서 벗어나고 싶어 한다. 여러 가지 갈등과 강박에 시달린 이경은 세상이 모두 망가져 버리고 자신도 부서지기를 바란다. 그러나 나중에는 자신이 겪고 있는 고통이 당시 우리나라 사람 전체가 겪고 있는 전쟁 때문이라는 것을 알고는 가슴 깊이 억눌려져 있던 상처를 치유하고 정상으로 회복하게 된다.

이 소설에서 주인공 이경과 어머니를 끔찍한 지옥으로 몰아 넣은 직접적인 원인은 오빠들의 죽음이다. 전쟁의 와중에 그녀의 집 행랑채에 떨어진 대포 유탄 한 발은 두 오빠의 목숨을 순식간에 빼앗아가고, 이경과 어머니는 갑작스런 참변에 엄청난 충격을 받는다. 어머니는 아들의 죽음으로 인해 삶의 의욕을 상실하여 하루빨리 죽기를 바라는 원망의 삶을 살고 있다.

아들의 죽음을 본 어머니의, '어쩌면 하늘도 무심하시지. 아들들은 몽땅 잡아가시고 계집애만 남겨 놓으셨노.' 하는 탄식을 들은 주인공은 순간, 형언할 수 없는 모욕감을 느낀다. 그 후 이경은 어머니에 대한 증오심으로 하루하루를 견뎌나가는데, 마침내 그녀와 어머니는 원수가 되다시피 한다. 그런 이경의 적대감과 증오심은 비단 어머니에게뿐 아니라 주변 사람으로까지 확대된다.

그녀는 '전쟁은 누구에게나 재난을 골고루 나누어 주고야 끝나리라. 절대로 나만을, 혁이나 욱이 오빠만을 억울하게 하지는 않으리라.'는 생각을 하며, 이 땅에 살고 있는 다른 사람들도 자신의 가족이 겪은 것과 같은 참변을 당하기를 바란다. 그것은 큰아버지 가족에 대해서도 마찬가지이다. 어머니와 자기 자신을 걱정해 주는 그들을 두고 무슨 '생색내기'나 '위선'쯤으로 생각한다.

이 소설에 묘사되어 있는 당시의 한국은 그야말로 철저하게 폐허가 되어 있는 불행한 땅, 곧 저주 받은 땅이다. 이경은 아직도 전쟁 중이라는 생각이 겹쳐 오면 '양키들 말마따나 갓댐 양구, 갓댐 철원, 문산 그런 곳이 지금 내가 있는 곳에서 너무도 가까운 것 같아 진저리를 치며' 현실이 무섭다는 생각을 한다.

두 오빠의 목숨을 앗아간 이경의 집 행랑채는 전쟁으로 인해 초토화되어 있는데 그것은 마치 전쟁으로 황폐화되어 있는 우리나라의 현실과도 같다. '행랑채의 뚫어진 지붕으로 휘몰아쳐 들어와 부서진 기왓장을 짓밟고 조각난 서까래를 뒤적이고 보꾹의 진흙을 떨구고, 찢어져 늘어진 반닫이와 거미줄을 흔들고, 쌓인 먼지를 날리느라 마구 음산한 휘파람 소리를 내며 돌아다니는' 흉가를 흔드는 바람은 이불 속에서 귀를 막아도 사정없이 고막을 흔들어 댄다. 이때 부서지고 기울고 음산한 바람에 부대끼고 있는 그곳은 마치 전란에 시달리고 있는 한국의 현실 그 자체와도 같은 것으로 그려지고 있다.

이 작품에서 이러한 지옥과 같은 현실은 시종일관 '회색빛'으로 묘사되고 있다. 작가는 그것을 '눈 때문에 어둠도 부옇고 어둠 때문에 눈도 부옇고, 고개를 젖히니 하늘도 자욱하니 별빛을 가로막고 암회색으로 막혀 있는 현실에서 이경은 여러 종류의 회색빛에 갇혀 허우적대듯 걷는다'고 하고 있는데, 그것은 아무리 허우적대도 벗어날 길 없는 당시의 현실을 상징하는 것이기도 하다.

이경은 늘 부연 하늘 아래 처하고 있고, 사는 집에도 회색 벽지가 있고 일하는 곳마저 부연 회색 휘장이 있으며 입는 옷 또한 회색 스웨터이다. 심지어 그녀의 어머니조차 회색 이미지로 묘사된다. 어머니의 머리는 백발에 듬성듬성 검은 머리카락이 궁상맞게 섞여 있어서 회색 머리루 보였고 입은 옷도 늘 찌든 행수저럼 지쳐 빠진 회색이었다. 오빠들이 죽고 나자 어머니는 그야말로 완전히 회색 이미지로 변하였다. 이경은 어머니를 이루고 있는 그와 같은 부연 회색이 미웠고 또 증오스러웠다.

이 소설에는 '잿빛 휘장'이라는 말이 무려 열세 번이나 등장한다. 그것은 그녀가 일하고 있는 곳을 묘사한, '밖에서 안이 들여다보이지 말라고 잿빛 휘장으로 유리 전체를 가려 놓았기 때문에 아무도 내다볼 수 없었다.'고 한 대목에 잘 드러나 있다. 밖이 내다보이지 않는 잿빛 휘장에 둘러싸인 공간에 대한 묘사는 당시 전란을 겪고 있는 한국의 땅을 상징하고 있기도 한 동시에, 그것은 우리 모두가 불확실한 삶, 불안한 삶을 살고 있다는 사실을 의미하기도 한다. 이렇듯 작가는 우울을 암시하는 회색 이미지와 그것의 의미 있는 되풀이를 통해 전란을 겪고 있는 당시 한국인이 처한 상황을 상징적으로 드러내고 있다.

한편, 주인공은 자신이 사랑한 옥희도의 집을 방문했을 때 그의 화실에서 그가 그린 한 그루의 나무 그림을 본다. 하늘도 땅도 없는 부연 혼돈 속에 꽃도 잎도 열매도 없이 참담한 모습으로 서 있는 고목을 본 순간 그녀는 그것을 죽어간 나무 둥치라고 생각한다. 이경은 옥희도가 그린 그 회색빛의 고목을 보고 그의 빈곤과 절망을 읽었고 또 그를 불쌍하다고 생각한다. 그녀는 자신의 주변 사람들과 자신의 삶이 바로 그 죽은 나무 둥치와 같다는 생각에 이르자 더 깊은 우울감에 빠진다. 내적인 혼란에 갈수록 강하게 휩싸이는 이경은 마침내 강한 자기 파괴 충동을 느끼고 그 충동에 자기를 완전히 내맡겨 버리는 극단에 이른다.

정신적 외상의 극복과 치유

주인공의 자기 파괴 충동은 미군 조와 정사를 갖기로 함으로써 파국을 향해 치닫는다. 그녀는 조와 육체적 관계를 맺음으로써 현실의 여러 속박에서 벗어나고자 한다. 그러나 이경은 진홍빛 전구에 비친 침대 시트를 보는 순간 지금까지 자신을 파괴로 내몰아간 강박이 무엇이었는가를 문득 깨닫게 된다. 결정적인 순간 이경의 눈에는 그 붉은 빛이 오빠들의 죽음을 떠오르게 하는 핏빛으로 보인다. 그녀가 거기서 본 것은 두 오빠가 폭사한 끔직한 비극의 현장이었던 것이다.

붉은 전등 불빛에 비친 핏빛 시트를 보는 순간, 그녀는 그동안 자신이 무의식 속에 가두어 두었던 기억이 의식 속으로 떠오르게 된 것을 발견한다. 이경의 무의식에 억눌려 오래 자리잡고 있었던 정신적 외상은 끊임없이 그녀로 하여금 자기 파괴의 충동을 일으키게 하였다. 그리고 그것이 지금 자신을 그 자리에 있게 한 것이라는 사실을 인식하는 순간, 자신이 그동안 스스로를 자학해 온 것이 무의미하다는 사실을 비로소 깨닫기 시작한다. 억눌린 그 기억을 정면에서 직시하자 오빠들의 죽음은 이경에게는 더 이상 공포감을 주는 일이 아니었다. 오빠들의 죽음은 비록 비극적인 재앙이기는 하지만 그것은 더 이상 그녀의 삶을 좌우할 수 없는 과거의 사건일 뿐이었다.

그러나 한편으로 그녀는 자신의 무의식 속에는 스스로를 강하게 압박하고 있는 또 다른 무엇이 있음을 깨닫는다. 그것은 전쟁 통에 오빠들을 행랑채 벽장에 감추자는 생각을 한 것이 바로 자신이었으니까 오빠들을 죽음으로 몰고 간 것은 자신 때문이라는 가책이었다. 그것은 그녀가 그동안 가지고 있었던 억압의 가장 근원적이고도 궁극적인 원인이었다.

오빠들의 죽음을 과거의 일로 받아들인 그녀는 파괴된 행랑채를 정면으로 응시하며 그 억눌려 있던 문제를 의식 속으로 끌어내어 다시금 정면 대결을 한다. 그 문제를 냉정하게 바라본 끝에 그녀가 내린 결론은, 그것의 가장 근본적인 원인은 자신이 아니라 바로 지옥과도 같은 전쟁 때문이라는 사실이었다. 그제서야 강박관념에서 벗어난 이경은 전과는 달리 한결 여유 있고 너그러워진다. 그녀의 집 행랑채도 비록 파괴되어 황폐화되어 있지만 이전과 달리 '한쪽 날개를 잃었어도 남은 추녀는 여전히 하늘을 향해 우아한 호를 그리고, 담장의 사괴석은 오랜 연륜과 전화에도 불구하고 품위 있고 고고'하다고 생각한다.

모든 것이 전쟁으로 인한 상처라는 것을 인식하게 된 주인공은 비로소 지금까지 자신을 지배해 왔던 방황과 정신적 고통으로부터 해방된다. 이는 마치 정신분석학에서 말하는 히스테리의 치유와도 같은 것이다. 프로이트는 히스테리의 원인을 정신적 외상(外傷), 즉 트라우마(trauma) 때문이라고 하였다. 그에 의하면 끔찍하고 혼란스러운 경험으로 인한 트라우마가 무의식 속에 갇혀 억압되어 있으면 그것이 히스테리를 일으키는데, 이 억압된 감정을 의식 속으로 끌어내어 감정이 정화되면 그것은 곧 히스테리의 치유를 의미하는 것이다.

오빠들의 참혹한 죽음을 목격한 이경은 자신이 그들을 죽게 만들었다는 죄책감을 무의식에 가두어둔 채 그것으로 인한 강박관념에 계속 시달리고 있었다. 그런 그녀는 칠흑 같은 침실에 핏빛 전등이 밝혀지는 순간을 계기로 그 모든 기억을 의식 속으로 환기하여 그것들과 맞선 끝에 정상을 되찾고 암울하게만 보이던 세상을 새로운 눈으로 보게 된다. 이제 그녀는 어떤 상처를 안고 자학을 해서도 안 되고 또 꿈같은 환상을 좇아 방황해서도 안 된다고 생각한다. 삶이란 주어진 조건을 긍정하고 현실을 현실로 받아들여 살아야 한다는 것을 깨달은 것이다.

세월이 흘러 결혼하여 가정을 꾸리고 살아가던 주인공은 어느 날 이미 세상을 떠난 화가 옥희도의 유작전에 간다. 거기서 그녀는 지난날 그의 집 작업실에서 본 그 앙상한 나무 그림을 다시 보게 된다. 그녀는 '지난날, 어두운 단칸방에서 본 한발 속의 고목(古木), 그러나 지금은 나에겐 웬일인지 그게 고목이 아니라 나목(裸木)이었다. 그것은 비슷하면서도 아주 달랐다.'고 느낀다. 그 나무는 '꽃도 없고 잎도 없고 열매도 없는' '한발에 고사한 나무'라고 보았던 예전의 그것이 아니었다. 그것은 잎이 져 있을 뿐 생명을 가진 나목이었던 것이다.

고목은 말라서 죽어 버린 나무이지만 나목은 잎이 지고 가지만 앙상하게 남은 나무이다. 고목은 죽음의 상징으로 다시 회복할 수 없는 절대적인 절망의 존재인 반면, 나목은 잔혹한 겨울이 지나 봄을 맞게 되면 다시 무성하게 자랄 수 있는 희망의 존재이다. 그녀는 그 나목에서 언젠가는 올 봄에의 믿음을 가지고 서 있는 의연함을 보게 된다. 그것은 전란과 그로 인한 상처도 언젠가는 극복해 낼 수 있을 것이라는 희망을 상징하는 것과도 같다. 이는 이 소설의 주인공 이경이

1950년대의 황량하고 메마른 겨울을 견디며 내면의 희망을 키워 삶의 좌절을 견뎌 냈듯이 우리가 살아가는 인생에 있어서도 혹독한 시련이 지나면 언젠가는 새로운 세상이 열릴 것이라고 하는 이 소설의 주제를 암시하는 것이라 하겠다.

참고 문헌

박완서, 『나목』, 세계사, 2006.

박완서 외, 『박완서 문학 앨범』, 웅진출판, 1992.

강진호, 『현대소설과 분단의 트라우마』, 소명출판, 2013.

권영민 외, 『박완서론』, 도서출판 삼인행, 1991.

이경호 · 권명아 엮음, 『박완서 문학 길 찾기』, 세계사, 2001.

장양수, 『한국현대소설작품론』, 국학자료원, 2008.

데이비드 스태포드 클라크, 최창호 옮김, 『한 권으로 읽는 프로이트』, 푸른숲, 1997.

파버 비렌 지음, 김화중 옮김, 『색채심리』, 동국출판사, 2003.

유랑의 끝,
사라져가는 재인(才人)

한수산의 〈부초〉

1946년 강원도 인제에서 태어난 작가 한수산은 1967년『강원일보』신춘문예에 시가 당선되면서 문단에 등단하였다. 본격적인 문학 활동은 1972년『동아일보』신춘문예에 단편소설 〈사월의 끝〉이 당선되고 그 이듬해『한국일보』장편소설 현상 공모에 〈해빙기의 아침〉이 가작으로 입선하면서부터 시작된다. 그의 주요 소설로는 이 글에서 살펴볼 〈부초(浮草)〉(1976)를 비롯하여 〈바다로 간 목마〉(1979), 〈욕망의 거리〉(1980), 〈거리의 악사〉(1986), 〈모래 위의 집〉(1992) 등이 있으며, 수필집『젊은 나그네』(1978), 산문집『단순하게 조금 느리게』(2000) 등이 있다.

그는 일찍이 소설가 황순원의 사사를 받았으며, 소설가 최인훈, 시인 박목월의 작품을 유난히 좋아한 것으로 알려져 있다. 그래서 그런지 그는 주로 산문시와 같은 부드러운 문체를 구사하여 인간에 대한 따스한 시선을 바탕으로 한 생명의 가치를 탐구하는 소설을 주로 창작하였다.

그러던 그가 1980년 『중앙일보』에 장편소설 〈욕망의 거리〉를 연재하던 중 대통령을 가볍게 야유한 것이 문제가 되어 '필화 사건'에 휘말리게 되었다. 당시의 관행대로 그는 중앙정보부에 끌려가 심한 고문을 당한 후 큰 충격을 받고는 1988년 일본으로 건너가 오랜 기간 그곳에서 생활하였다.

필화 사건을 기점으로 하여 아름다움을 추구하던 기존의 그의 문학적 경향은 일대 전환을 맞게 된다. 그것은 작품에서 보다 강화된 역사 인식과 현실 인식으로 드러나, 일제 강점기의 한국인의 한(恨)과 군사 정권의 독재가 선량한 국민들에게 어떠한 압박과 고통을 가져다 주었는지에 대한 진지한 성찰을 담은 소설들로 거듭나게 한다. 그는 1977년에는 제1회 오늘의 작가상, 1984년에는 녹원문화상, 1991년에는 제36회 현대문학상을 수상한 바 있으며, 1997년부터 세종대학교 국문과 교수로 재직하면서 작품 활동을 병행하고 있다.

이 글에서 살펴볼 〈부초〉는 작가가 『경향신문』 장편소설 공모에 응모하였으나 낙선한 작품으로, 그때 심사를 맡았던 소설가 황석영이 적극적으로 주선하여 1976년에 계간지 『세계의 문학』 겨울호에 개재된 소설이다. 당시에 이 작품은 장편소설임에도 불구하고 정기 간행의 문학잡지 한 권에 이례적으로 전재되어 화제가 되었는데, 이 소설 덕분에 『세계의 문학』은 전례 없는 판매 기록을 남기기도 하였다. 1977년 한 해 동안 무려 10만 부나 판매된 이 소설은 당대에 큰 인기를 끌었던 베스트셀러 소설이었다.

1977년 제1회 오늘의 작가상 수상작이기도 한 이 소설은 일월곡예단이라는 떠돌이 서커스단 단원들의 뿌리 뽑힌 삶을 그린 내용으로 구성되어 있다. 작가는 1974년 서울 이문동에 살고 있을 때 동네 이발관에 들렀다가 한 곡예단의 선전 포스터를 보고 공연장을 찾아간 것이 이 소설의 창작의 계기가 되었다고 말한 바 있다. 그때 우리나라에는 12개의 서커스단이 있었는데, 그는 그 이후 고려곡예단, 대한곡예단이라는 두 서커스단을 따라다니며 2년 동안 취재하여 그것을 작품화하였다고 한다.

그동안 〈부초〉에 대해서는 '길 위의 삶을 현장감 있게 그린 소설'이라는 평가를 비롯하여 '우리 문단에 달무리와 같은 신화를 남긴 작품', '성장기부터 작가의 가슴에 심어진 떠도는 삶의 생의 허무가 구현된 작품'이라는 등 독자들의 관심만큼이나 비평가들이나 평론가들의 상찬도 많이 받아 왔다.

1978년에는 이 작품이 영화로 제작되어 상영되었으며, 1987년에는 드라마로 제작되어 MBC 월화드라마로 방영된 바 있다. 2011년에는 소설이 발표된 지 35년 만에 연극으로 무대에 올려지기도 하였다. 시대에 밀려 사라진 집단의 슬픔을 잘 나타낸 이 연극에서 배우들은 직접 외줄타기, 저글링, 절단 마술 등을 배워 무대에서 선보였으며, 6개 지역을 중심으로 문화 소외 지역을 찾아가며 공연을 진행하였다.

산업화가 몰고 온 예인(藝人) 집단의 소외

장편소설 〈부초〉는 1970년대에 급속하게 진행된 우리나라의 산업화 시대를 배경으로 하여 시대의 감각과 유행에 뒤떨어진 일월곡예단

곡예사들의 삶을 형상화한 작품이다. 소설의 내용은 다음과 같다.

일월곡예단의 단원들은 철새처럼 봄이면 낙동강 줄기가 시작되는 영을 넘어 북쪽으로 올라갔다가 늦은 가을이면 지리산 남쪽으로 내려가며 공연을 한다. 곡예단을 이끌고 평생을 살아온 늙은 곡예사 윤재는 단원들로부터 아버지처럼 존경 받는다. 하명은 윤재를 아버지 이상으로 생각하며 따르고, 윤재 또한 하명을 아들처럼 아낀다. 그런 하명은 단원들끼리의 금기를 깨고 줄타기 곡예를 하는 지혜를 사랑한다. 두 사람은 그들의 장래를 꿈꾸고 있었지만 어느 날 밤 지혜가 규오로부터 강간을 당한 후 어디론지 사라져 버려 두 사람의 사랑은 이루어지지 못한다.

관객은 갈수록 줄어들고 설상가상으로 단장마저 중풍으로 쓰러지고 만다. 그 후 광표가 새 단장을 맡게 되지만 새 단장은 서커스단의 생리도 모르는데다 자신의 이익만 챙기기에 급급한 나머지, 단원들에게 부정과 폭력을 행사하기까지 한다. 그러자 단원들을 하나둘씩 곡예단을 떠나고 새로운 단원들이 그 자리를 채우게 된다.

어느덧 기존 단원과 새 단원으로 관계가 나누어지고, 갈수록 내분이 심화되어 편이 갈려 난투를 벌인 끝에 단원들은 결국 흩어지게 된다. 이때 한 여단원이 불을 질러 그들의 삶의 터전인 천막마저 불에 타 버린다. 그럼에도 불구하고 가난 속에서 오랜 세월을 견디며 살아온 하명과 난쟁이, 덕보 등은 잿더미 위에서 새로운 각오로 다시 시작할 것을 다짐한다.

이와 같은 내용으로 이루어진 〈부초〉는 곡예단이라는 소외된 집단을 중심으로 하여 그들이 삶에서 겪는 고통과 파멸을 사실적으로 형상화한 작품이다. 소설에서 일월곡예단이 몰락하게 된 근본적인 원인은 관객의 외면 때문이다. 이때 관색의 외면은 새로운 대중문화의 등장과 그 세력의 급속한 확장에서 기인한다. 영화나 텔레비전이라는 매체가 등장하기 전에는 변사가 나오는 연극이나 서커스 공연은 대중들에게 아주 흥미로운 볼거리였다. 그러나 영상 매체의 등장으로 대중들의 선호도는 급속도로 변해 갔다. 그런 상황에서 서커스는 속도에 맞추어 변화해 가기에는 역부족이었던 것이다. 낡은 의상과 구태의연한 묘기 등으로는 더 이상 대중들의 마음을 사로잡기에는 한계가 있을 수밖에 없었다.

이 소설에서 명수는 천막 밖의 사람들만이 아닌, 단원들 자신들도 이미 그와 같은 새로운 문화에 중독되어 있음을 깨닫는다. 단원들이 거리로 나갔다가 사들고 온 주간지들은 손에 손을 거치면서 귀가 닳을 정도로 그들 스스로 새로운 문화에 젖어들었다. 명수는 여기저기서 굴러다니는 철 지난 주간지들을 한 움큼 주워들고 걷어 올린 천막의 낙숫물가에 앉아 펜팔란까지 읽어대며 하루 낮을 보내기도 한다. 그는 이른 저녁을 먹으러 들어가다가 객석에서 걸음을 멈추고는, '객석을 이렇게 텅 비게 만든 자들은 바로 이런 한 움큼의 주간지 같은 것들이 아니었던가' 하고 생각한다. 자신들부터 주간지를 돌려가며 탐독하고 있었으니 관객이 그들을 찾지 않은 것은 당연한 이치였다.

이에 단원들은 새로운 문물을 끌어들여 사람들의 관심을 사고자 노력한다. 접시 돌리기만 해오던 천식이는 골프채 위에 당구공을 올려놓고 돌렸으며, 정구라켓 위에 탁구공을 놓고 그 위에 골프채를 얹고 돌렸다. 또 춘기는 쇠줄 위에서 오토바이를 달리기도 하였다. 단원들의 이러한 노력에도 불구하고 한 번 멀어지기 시작한 관객은 돌아서지 않았다. 그뿐 아니라 오히려 그것이 그들의 연희를 더 보잘것없는 것으로 비치게 하고 말았다.

산업화와 함께 등장한 대중문화들로 인해 단원들이 목숨을 걸고 하는 아슬아슬한 연기, 그리고 연습에 연습을 거듭하여 익힌 재주 같은 것은 이미 볼거리가 아니었다. 이런 상황에서 관객은 감소될 수밖에 없었고, 그것은 곡예단을 궁핍한 상황으로 몰고 갔다. 그럴수록 단원들의 소외감도 커져만 갔다. 지혜가 줄에서 떨어져 중상을 입고 병원으로 실려 갔을 때도 '교통사고는 보상금이라도 나오지. 이거야 무슨 보험엘 들어서 보상을 받을까. 노동청에서 뒤를 봐줄까. 곡예사 신세만큼 불쌍한 것도 드물지요.'라며 버림 받은 신세를 한탄하는 것에서 그들의 궁핍함과 소외된 현실이 여실히 드러난다.

한국 사회에서 1970년대는 산업 구조가 크게 변동되고 재편성되던 시기였다. 이 시기에 이루어진 경제 부흥은 자본주의의 본질을 확연하게 드러내어 빈부의 격차를 가져오고 계층 간의 갈등은 갈수록 심화되었다. 상업적이지 않은 것은 철저하게 도외시되었던 상황에서 더 이상 대중들의 관심에서 멀어진 단원들은 소외감과 박탈감에 사로잡힐 수밖에 없었다.

단원들이 사회로부터 버림 받은 소외 집단이라는 사실에 서러워하고 분개하는 것은 자신들을 '단체'라 하고 천막 밖은 '사회'라 지칭하는 데서도 잘 드러난다. 단원들이 사회로부터 소외 당한 것에 더하여 그들 내부에서 인심이 갈수록 피폐해져 가는 데서도 인간 소외를 발견할 수 있다. 그것은 규오가 지혜를 강간하여 그녀가 꿈꾸던 하명과의 행복을 짓밟아 버리는 것이나, 새 단장이 단원들을 속여 수익금을 가로채는 것, 공연 중에 실수를 하는 난원에게 폭행을 가하는 단장의 행위 등에서 잘 드러난다. 결국 단원들은 두 편으로 갈라서서 피를 흘리며 싸우게 되는데, 일부 단원들은 어느 편이 유리한가를 재빨리 판단하여 그때까지 가까운 인간관계를 가진 것처럼 생각하고 있었던 사람에게 등을 돌리기도 한다.

독일의 사회학자 퇴니스(Ferdinand Tönnies)는 소외 이론을 통해 인간의 결합에는 두 가지 기초가 있음을 제시한 바 있다. 하나는 공동 사회로 불리는 게마인샤프트(Gemeinschaft)이고 또 다른 하나는 이익 사회로 지칭되는 게젤샤프트(Gesellschaft)이다. 게마인샤프트는 가족과 같은 사회 단위를 말하는데, 이는 때로 분리가 있지만 통일이 지배적이다. 반면 게젤샤프트는 계약 관계로 성립되는 사회 단위로, 이는 때로는 통일이 있음에도 불구하고 분리가 지배적이다.

퇴니스에 의하면 역사 발전이라는 관점에서 볼 때 사회는 게마인샤프트가 지배적인 시대로부터 게젤샤프트가 지배적인 시대로 옮겨 간다. 이 소설의 곡예단 집단도 게마인샤프트적인 것에서 게젤샤프트적인 것으로 변질되어 가고 있음을 집단 내부의 분열 양상을 통해 뚜렷하게 느낄 수 있다.

결국 〈부초〉는 천막 밖의 사회로부터 소외 받고 그들 성원들끼리도 소원해짐으로써 끝내 해체에 이르는 과정을 보여 주는 소설이라 할 수 있다. 천막 안과 밖, 양쪽으로부터 야기되는 인간 소외를 통해 작가는 1970년대 한국 사회에서 외면 당하고 냉대 받는 사람들의 삶을 상징적으로 드러내고 있다.

참신한 소재, 감각적 표현

작가는 곡예단의 해체 과정을 통해 모든 것은 세월이 흐르면 결국 사라지고 만다는 사실을 알려 주고 있다. 이 소설에서 곡예단은 하나의 살아 있는 생명체처럼 묘사된다. 생명을 가진 것들은 시간이 흐르면 노쇠하게 되고 결국 죽음을 맞는다. 이는 대자연의 순리이다.

조선시대의 사당패, 고려 말에 전래된 정재인패 등 과거에 존재했던 연희집단이 서커스라는 새로운 연희가 들어옴으로써 그 생을 다한 것처럼 서커스도 이제 그 생을 마감해야 할 때가 왔고, 그렇기 때문에 그들도 사라지게 될 수밖에 없다는 것이다. 그것은 이 소설에서 새로운 시대의 대중문화인 영화나 텔레비전 등이 왕성한 생명력을 갖고 그들의 생을 향유하게 되고, 또 세월의 흐름에 따라 자신의 생을 다한 곡예는 사라져 가는 것을 섭리로 받아들이는 것으로 드러난다.

실제로 작가는 이 소설에서 시간에 관한 것을 궁극적인 문제로 삼고 있음을 언급한 적이 있다. 그는 곡예단이 상징하고 있는 것처럼 하나의 집단이 시간 속에서 어떻게 변화해 가는가 하는 문제를 다루어 보겠다고 하였는데, 그것은 이 작품에서 곡예단이 생을 다하고 산업사회의 새로운 대중문화에 자리를 내어주는 것으로 묘사되고 있다.

그밖에도 작가는 이 소설에서 독자를 끌어들이는 여러 가지 매력적인 요소를 보여 주고 있다. 첫 번째로 소재의 참신성을 거론할 수 있다. 이 소설은 서커스단이라는 집단이 지니는 독특함 때문에 소재적 차원에서 새로움을 선호하는 독자들의 요구에 호소할 수 있는 충분한 요소를 갖추고 있다고 하겠다.

다음으로 작가는 서커스단의 삶을 소설화하는 과정에서 유랑하는 것, 즉 떠다니는 것의 아름다움을 강조한다. 그것은 '화신(花信)을 따라 봄이면 낙동강 줄기가 시작되는 영을 넘어 북쪽으로 올라왔다가 늦은 가을이면 지리산 남쪽으로 내려가는 여로는 철새의 생리를 닮은 서커스의 가장 긴 이동이었다.'라는 대목에서 잘 드러난다. 계절의 순환이나 장소의 이동, 기후의 변화 속에 단원들이 공연을 하면서 흘러 다니는 모습을 작가는 마치 한 폭의 그림과도 같이 묘사하는데, 이는 생의 덧없음을 연상시키는 효과를 불러 일으키기에 충분하다.

소설의 후반에 이르러 노단원 윤재의 죽음을 보여 주는 대목에서는 일몰, 낙화의 아름다움을 사실적으로 그려내어 작가의 감각적이고 유려한 문장을 그대로 확인할 수 있다. 그밖에도 떠돌이 곡예단의 이미지를 불러 일으키는 말들, 이를 테면 '이정표', '바람', '철길', '역사', '대합실', '길'과 같은 단어를 통해 독자들로 하여금 유랑하는 삶의 분위기에 젖어들게끔 유도한다. 작가는 이처럼 감각적인 문장, 개성적인 비유를 작품 곳곳에서 자유자재로 구사하고 있다.

요컨대 〈부초〉는 작가 한수산을 한국 문학사에서 1970년대 대표 작가 중의 한 사람으로 자리매김하게 한 소설로, 인간과 시간과의 관계 속에서 빚어지는 삶의 생성과 소멸을 감각적으로 그려 보여 주고 있는 한 편의 상징성을 띠고 있는 작품이라 하겠다.

참고 자료

한수산,『부초』, 민음사, 1978.
한수산,『기억의 안개숲』, 동서문학, 1989.
김경수, '한수산 초기 소설의 사회적 유민의식',『작가세계』, 1993년 봄호.
장석주, '한수산, 혹은 사랑과 죽음의 순례자',『소설문학』, 1980. 11.
알랑 스윙우드 지음, 김영수 옮김,『대중문화의 신화』, 현암사, 1984.
프리츠 파펜하임 저, 황문수 역,『현대인의 소외』, 문예출판사, 1989.
허버트 J 갠스, 강현두 역,『대중문화와 고급문화』, 나남, 1998.

고행에서 찾는 참다운 삶의 가치

이문열의 〈그해 겨울〉

작가 이문열은 1977년 단편소설 〈나자레를 아십니까〉로 『매일신문』 신춘문예에 입선한 이후, 1979년 『동아일보』에 중편소설 〈새하곡〉이 당선됨으로써 본격적으로 왕성한 작품 활동을 펼쳐 나간다. 〈그해 겨울〉은 그가 문단에 나온 지 3년째 되던 해인 1979년 『문학사상』 12월호에 발표된 중편소설로, 비교적 그의 초기작에 해당된다.

작가는 〈그해 겨울〉과 이후 2년여 동안 발표한 〈하구〉, 〈우리 기쁜 젊은날〉 세 편을 함께 묶어 1981년 『젊은날의 초상』을 출간한다. 자신의 경험을 바탕으로 하고 있는 이 세 편의 소설 가운데 가장 먼저 발표된 〈그해 겨울〉은 작가의 대학 중퇴 시절부터 삶에 대한 새로운 인식에 도달하기까지의 과정을 그린 것이고, 〈하구〉는 그가 대학을 진학하기 전, 부산에서 떠돌이 생활을 하던 시절을, 〈우리 기쁜 젊은날〉은 대학 입학부터 재학 시절을 각각 추억하고 있는 작품이다.

작가 자신이 『젊은날의 초상』 후기에서 '이 책처럼 내 삶과 밀착된 것도 드물다. 비록 턱없는 감상과 애정 때문에 극적인 과장과 미화의 폐해를 입고 있긴 해도 이 갈피갈피에는 무슨 열병처럼 지나온 내 젊은 날의 영원한 그리움과 회한으로 숨 쉬고 있다.'라고 말한 바와 같이 이 작품은 자전적 성격이 농후한데다 한 편의 성장소설적인 성격을 보여 주어 흥미를 끈다.

이 글에서 살펴볼 〈그해 겨울〉에서 작가의 시간은 1979년인 셈이지만 소설의 시간은 1960년과 1961년으로 설정되어 있다. 그 중 주된 사건의 시간은 1961년이다. 주지하다시피 1960년에는 4·19가, 1961년에는 5·16이 일어났다. 그런 것을 생각하면 일견 이 소설이 시대 상황과 관련된 내용을 담고 있을 것 같지만, 그의 많은 소설이 그렇듯이 이 작품도 시대 상황과는 거의 무관한 내용으로 구성되어 있다.

그러나 이 작품의 주목할 만한 이유는 다른 데 있다. 그의 소설에는 자신의 예술관을 보여 주는 작품이 많은 편이다. 장편소설 〈시인〉, 단편소설 〈금시조〉, 중편소설 〈들소〉와 같은 작품들이 그런 것이다. 〈시인〉은 시문학, 〈금시조〉는 서화(書畵), 〈들소〉는 회화 예술의 본질에 대해 깊이 있게 파고들고 있다. 이들 소설에는 공통적으로 예술가를 주인공으로 하여 그가 생각하는 예술의 본질, 예술의 의미와 역할 등 예술에 관한 작가 자신의 진지한 사유가 잘 드러나 있다.

이와 같은 사실은 그가 예술의 고유한 기능에 큰 관심을 갖고 있다는 사실을 짐작할 수 있게 한다. 따라서 예술에 대한 탐구는 그의 문학의 핵심적인 주제라 해도 과언이 아니라 할 만하다. 그런 맥락에서 볼 때 〈그해 겨울〉은 예술 전반에 대한 작가 자신의 견해를 피력하고 있다는 점에서 그런 종류의 소설 중에서도 특별한 의미를 가지고 있는 작품이라 할 수 있을 것이다.

한 구도자의 방황

10년 전 일의 회상 형식으로 된 이 소설은 주인공 영훈이 문명과 군집(群集) 사회, 곧 도시와 학교를 등지고 정처 없이 길을 떠나는 데서부터 시작된다. 그가 길을 나선 것은 2년 동안의 대학 생활이 가져온 피로와 혼란, 그리고 친구의 죽음으로 자극된 까닭 모를 허무와 절망적인 분위기에서였다. 한 마디로 말하자면 그는 세상과의 불화로 인해 무작정 길을 떠나게 된 것이다. 한 동안 사랑하는 사이였던 여자친구가 어느 날 갑자기 일방적으로 절교를 선언해 버린 실연의 아픔, 친구와 어울려 술을 마시면서 낭비를 한 바람에 지게 된 적지 않은 빚, 학업을 등한시해서 유급을 면할 수 없게 된 상황, 이 모든 것이 그를 어딘가로 도피하고 싶은 충동을 느끼게 하였다.

이러한 이유들로 인해 현실에서 한계를 느낀 주인공은 새롭고 가치 있는 삶을 찾겠다고 발길 닿는 대로 길을 떠난다. 막연한 기대를 가지고 도시를 떠난 그는 우선 생계를 해결하기 위해 탄광의 광부가 되어 보려고도 하고, 고기잡이배의 인부로 일해 보려고 여기저기를 기웃거려 본다. 그러나 그는 어디에서도 일자리를 얻지 못해 방황과 배회를 거듭한다.

그러던 그는 마침내 한 여관 겸 술집에서 일자리를 갖게 된다. 거기에서 그가 한 일은 객실에 걸린 남포의 등피(燈皮) 닦기, 방에 군불 때기, 마당 쓸기, 손님방으로 술상 나르기, 술 주문하기 등과 같은 잡일이었다. 그 일은 돈벌이가 되는 것은 아니었지만 먹고 자고 용돈까지 얻을 수 있다는 이유로 그는 그 일에 만족하였다.

한때 그는 그곳에서 자신이 하는 일을 상당히 의미 있는 것으로 생각하였다. 남포의 등피를 닦는 일만 해도 그것이 어떤 '세상 밝히기'나 되는 것처럼 여긴다. 그뿐 아니라 객실 아궁이에 불을 땔 때도 자신이 무슨 엄숙한 의식에 참례하고 있다는 생각을 하면서 거창한 의미를 부여한다. 그런 생활을 하다 보니 그의 눈에는 세상도 그지없이 아름답게 보인다. 그 집 접대부들의 모습이 아름답다고 감탄하고 또 그들이 즐거운 인생을 살고 있다는 생각에 이르자 그의 눈에는 이곳이야말로 세상에서 더없이 즐거운 곳으로 보인다.

영훈은 그런 나날을 지내다 보니 나중에는 이대로 여기에 이렇게 눌러앉아 있는 것도 좋겠다는 생각까지 하게 된다. 그러나 얼마 안 가 곧 자신이 눈앞의 세상을 그렇게 본 것은 한갓 미망(迷妄)이었다는 사실을 깨닫는다. 그가 다시 직시한 자신 앞에 놓인 세상은 전혀 아름다운 곳도, 즐거운 곳도 아니었다. 저녁 등불 앞에서 보았을 때 선녀처럼 아름답던 접대부 색시들이 밝은 태양 아래에서 다시 보니 외면하고 싶을 정도로 추한 몰골들이었다. 또 그녀들의 삶 자체는 고단하고 비참하기 그지없는 것이었다.

여기서 영훈은 새삼 자신의 현실을 직시한다. 지금 자신이 살고 있는 삶이 구도(求道)의 길에 나선 사람의 생활인가를 자문해 보니 전혀 그것이 아니었다. 처음 길을 떠나면서 작정한 것과 같은 허무와 절망의 실체를 제대로 파악한 것도 아니었다. 하루하루의 삶이 모든 것의 회피이자 유예(猶豫)었나는 생각에 이르자 자신은 현재 그저 젊음과 재능을 낭비하고 있을 뿐이라는 결론에 도달한다. 그러자 그는 현실에 안주하는 그 생활을 과감하게 청산한다.

잘못된 그동안의 자신의 삶과 결별한 그는 다시 한 번 길을 떠난다. 영훈은 자신 앞에 놓인 험한 산을 넘으면 어떤 뜻있는 삶의 길을 찾을 수 있으리라는 막연한 기대감을 가지고 험한 산을 오르기 시작한다. 그러나 그는 무작정 걷고만 있을 뿐 그 전과 달라진 것은 조금도 없었다.

산을 넘어가는 도중에 그는 몇몇 사람을 만나게 된다. 영훈은 그 사람들에게 어떨 때는 쫓기고 있는 시위 주동자라 하고, 또 어떤 때는 서울 명동의 주먹이었다고 거짓말을 한다. 이를테면 당시 그가 만난 사람들에게 했던 말들은 세상을 상대로 한 거짓말이었다. 그는 또 어떤 창백한 얼굴을 하고 있는 지식인을 만났을 때는 자신이 선과 인간, 도덕과 가치, 세계와 존재에 대해 깊이 파고들고 있는 탐구자 행세를 한다. 그러다가 그 창백한 얼굴을 한 사람에게 자신이 떠벌인 말들이 모두 터무니없는 거짓말이라는 것을 들키고는 다시 한 번 크게 성찰한다. 그 지식인 청년과의 일을 계기로 돌아본 자신의 모습은 허위와 위선 덩어리 그 자체였던 것이다.

생각해 보니 그의 삶은 도시를 떠나기 전부터 허위에 찬 것이었다. 선배들과 이념 운동을 한다고 했던 대학 시절부터가 순수한 것이 아니었다. 자신이 처음 그 운동에 매혹되었던 것은 어떤 강인한 의지나 신념에 의한 출발이 아니라 화려한 지난 승리에 대한 기억에 빠져들었기 때문이었다. 그러다 보니 그들의 운동이 강력한 힘에 의해 분쇄되어 버리자 그는 과장된 울분만 가지고 미련 없이 떠나버린 것이다.

그가 한때 열중했던 문예 활동이라는 것도 마찬가지였다. 곰곰이 생각해 보면 그때 그가 낭독한 몇 줄의 시나 동인지에 게재한 잡다한 글들은 덧없는 갈채에 취한 채 행한 헛된 짓에 지나지 않았다. 독서나 진리 탐구도 마찬가지였다. 그는 스스로 자신이 천 권의 책을 읽었다고 했지만 그것은 진리의 탐구가 아닌 한갓 허영심에 불과한 것이었다. 그는 그 모든 것들이 남 앞에서 지식 자랑을 하려고 한 것이었다는 사실을 깨달았던 것이다.

그러다 보니 앞으로 무엇을 향해 어떻게 살아야 하는가 하는 문제에 맞닥뜨리게 되고 그는 거기에서 주체할 수 없는 암담함을 느낀다. 그와 같은 공허감과 절망감은 그를 또 한 번의 고행에 나서게 한다. 그는 마치 그곳이 자기를 부르기라도 한 것처럼, 거기에 가면 모든 문제에 대한 답이라도 찾을 수 있는 것처럼 바다를 향해 걷기 시작한다. 바다로 가는 길을 가로막고 서 있는 해발 7백 미터의 산을 그는 죽음을 각오하고 넘는다.

아름다움의 창조에서 찾는 참삶의 의미

자신의 참모습을 찾기 위해 목숨을 걸고 눈 덮인 겨울 준령(峻嶺)에 오르던 영혼은 어느 순간 더없이 큰 가치를 가진 한 실체와 맞닥뜨리게 된다. 그것은 바로 흰 눈에 덮인 창수령의 아름다운 광경이다. 그는 그 겨울의 자연 풍광을 바라보며 말할 수 없는 희열과 전율을 느낀다.

자연에서 뿜어져 나오는 아름다움의 실체를 목격한 그 순간은 그야말로 환희 그 자체였다. 그 광경은 완성된 아름다움이자 숭고한 아름다움 바로 그것이었다. 겨울 산의 장관에 압도된 그는 아름다움이야말로 지상의 가치를 가진 것이라는 사실을 이내 깨닫는다. 생에 대한 절망과 환멸로 오랜 세월 방황하던 그는 마침내 자신이 추구해야 할 진정한 가치이자 생의 지향점을 그곳 창수령에서 발견하게 된 것이다. 창수령은 그야말로 모든 가치 판단을 넘어서는 절대적인 아름다움의 가치에 대한 깨달음을 그에게 가져다 주었다.

그런데 참다운 가치, 즉 아름다움을 발견한 다음 순간 그는 또 다시 의외의 난감한 상황에 처한다. 지상의 가치인 아름다움을 발견하고 무아지경의 황홀함에 도취되어 있던 그는 문득 그와 같은 아름다움을 인간이 창조하는 것은 절대로 불가능하다는 사실을 깨닫게 된 것이다. 말하자면 참다운 아름다움이란 인간의 능력 밖의 일로, 인간이 이를 수 없는 경지에 있다는 것이다.

참다운 아름다움이란 플라톤의 이데아처럼 하나의 절대 개념이기에 유한한 인간인 이상, 결코 도달할 수 없는 극한치로 존재한다. 인간은 이 극한에 도달하기 위하여 치열한 노력을 기울이지만 그것은 언제나 참담한 실패로 끝날 뿐이다. 그러한 생각을 하다 보니 그는 앞으로 무엇을 향해, 또 어떻게 살아야 하는가 하는 문제에 봉착하게 되고 주체할 수 없는 암담함을 느낀다.

그와 같은 공허함과 절망감으로 인해 그는 또 다시 바다를 향해 걷기 시작한다. 마치 그곳이 자신을 부르기라도 한 것처럼, 그리고 거기에 가면 모든 문제에 대한 답이라도 찾을 수 있는 것처럼 바다를 향해 걷는다. 발은 동상과 물집으로 부어오르고 얼굴은 불에 덴 것처럼 화끈거렸지만 그는 추위와 눈보라를 헤치며 험한 산 영마루를 넘는다.

추위와 눈보라를 헤치며 험준한 산을 넘은 그는 드디어 자신이 그토록 찾아 헤매던 대진, 그 바다에 도착한다. 그러나 거기에서도 그는 아무런 해답을 찾지 못한다. 바위를 때리고 모래사장을 할퀴는 바다, 허옇게 피어오르는 물보라를 일으키면서 깜깜한 하늘을 이고 있는 바다는 그저 바다일 뿐이었다. 그는 거기서 '신(神)도 구원하기를 단념하고 떠나 버린 인간을 그 어떤 것이 구원할 수 있단 말인가' 하고 철저한 절망에 부딪힌다.

그런데 그 순간 그는 '갑작스런 깨달음' 같은 것을 얻게 된다. 절망은 존재의 끝이 아니라 그 진정한 출발이라는 사실을 깨달은 것이다. 여기서 그는 그 술집에서 나와 지향 없이 걷던 노상에서 우연히 만난 집안의 먼 친척 누나의, 사람이 불행해지는 것은 진실하게 절망하지 않았기 때문이라고 하던 말을 떠올린다. 실제로 절망 자체가 나쁜 것은 아니다. 정작 나쁜 것은 거기에 빠져 헤어나지 못하는 것이다. 그렇게 되면 그 사람은 결국 염세에 빠져 다시 일어서지 못하고 완전한 파국을 맞게 된다. 그와 같이 절망이야말로 가장 순수하고 치열한 정열이요 구원이라 함을 깨달은 그는 예술가가 위대할 수 있는 것은 손에 잡을 수 없는 그 아름다움을 향해 나아가는 그 행위에 있다고 생각한다.

결국 그가 내린 결론은 객관적이고 절대적인 가치가 우리를 인도할 수 없다면, 우리의 구원은 우리 자신의 손으로 넘어온 것이며, 우리의 삶도 외재적인 대상에 바쳐진 것이 아니라 스스로에 의해서 충만해져야 한다는 것이었다. 그런 깨달음이 있고 난 다음 그는 암담함, 설방감이 견딜 수 없는 지경에 이르면 언제든지 자신의 삶을 끝내 버리려고 항상 지니고 다니던 독약과 그럴 경우에 대비하여 써 두었던 유서를 그 바다에 던져 버린다. 그리고는 바다를 뒤로하고 그가 처음 떠나온 그 세상으로 되돌아 간다.

결국 〈그해 겨울〉에서 작가는 우리에게 세속적인 삶에 매몰되어 있는 것은 참다운 인간의 삶이 아니며, 일상적인 삶에 안주해서도, 스스로를 기만하는 삶을 살아서도 안 된다는 사실을 말해 준다. 또한 작가는 진실로 가치가 있는 것은 아름다움이며, 그 아름다움을 창조하는 일에 도전하는 데에 우리의 참삶의 의미가 있다는 메시지를 전해 주고 있다.

참고 자료

이문열, 〈그해 겨울〉, 『젊은날의 초상』, 민음사, 2005.
김욱동, 『이문열』, 민음사, 1994.
김윤식 외, 『이문열론』, 도서출판 삼인행, 1992.
이남호 편, 『이문열 문학앨범』, 웅진출판, 1994.
이태동 편, 『이문열』, 서강대학교 출판부, 2000.

부조리한 세상에 대한 항거

이청준의 〈벌레 이야기〉

1939년 전남 장흥에서 태어난 소설가 이청준은 1965년 제7회『사상계』신인문학상에 단편소설 〈퇴원〉이 당선되어 작품 활동을 시작하였다. 그는 문단에 나온 지 2년 만인 1967년에 단편소설 〈병신과 머저리〉로 제12회 동인문학상을 수상한 이래, 1969년 〈매잡이〉로 대한민국문화예술상 신인상, 1975년 〈이어도〉로『한국일보』창작문학상, 1978년 〈잔인한 도시〉로 이상문학상을 수상하였다. 1979년에는 〈살아 있는 늪〉으로 중앙문예대상 예술 부문 장려상을 받았으며, 1986년에는 〈비화밀교〉로 대한민국문학상, 1990년 〈자유의 문〉으로 이산문학상, 1994년 〈흰옷〉으로 제2회 대산문학상, 1998년 〈날개의 집〉으로 제1회 21세기문학상을 수상하는 등 한국의 유수한 문학상을 휩쓸다시피 하였다.

작가의 수상 경력이 그의 작품의 문학성·예술성과 직결된다고 하기는 어렵지만, 그러한 경력 못지 않게 그의 작품은 그동안 많은 독자들로부터 사랑을 받아 왔고 비평가들로부터도 우수성을 인정받고 있다. 또 그의 문학은 우리 문단에서 상위의 리얼리즘을 구축했다는 평을 비롯하여 이야기 단계에 있는 우리 문학을 현대적인 문학으로 이끌어 올렸다고 한 견해 등 그는 현재 한국문학의 높이와 정신을 한 단계 끌어올린 작가로 평가 받고 있다.

이청준이 그동안 발표한 작품의 면면을 보면 소재가 매우 다양하다. 6·25에 관한 이야기, 활 쏘는 사람이나 항아리 굽는 장인 이야기, 소설가나 기자 등 지식인에 관한 이야기, 그리고 평범한 사람들의 삶에 관한 이야기 등 다양한 양상을 보이고 있다. 이 소재의 다양성은 주제의 다양성으로 연결되는 것은 물론, 구성과 시점 등 그가 소설의 방법을 다양하게 실험하는 데까지 이른다. 특히 그는 작품을 통해 눈에 보이는 현실 세계보다 눈에 보이지 않는 감추어진 세계를 끊임없이 찾아간다. 때문에 그는 관념적인 작가라 언급되기도 하고 그의 작품은 난해하다는 평을 듣기도 한다. 그러나 진실을 추구하고 인간의 근원적 모습을 조명하려 한 작품 경향 때문에 그의 소설은 여러 번 읽히고 또 다시 읽히는 매력을 지닌다.

이렇듯 이청준의 소설은 일반 대중 독자들이 즐겨 읽는 대중·통속소설과는 거리가 먼 순수문학이 대부분을 이루고 있음에도 불구하고 현재 많은 독자를 확보하고 있다. 또한 〈당신들의 천국〉이 1986년에 미국에서, 1993년에는 프랑스에서 번역·출간되었으며, 1994년에는 〈서편제〉가 일본에서 출간되어 그의 소설은 세계적으로 알려져 있다.

이 글에서 소개할 〈벌레 이야기〉는 1985년 『외국문학』에 발표된 단편소설이다. 이 소설은 1980년 전 국민을 분노와 슬픔에 빠지게 했던

'이윤상 납치 살해 사건'이라는, 실제로 일어났던 사건에서 모티프를 얻어 탄생한 작품이다. 이는 당시 '무사히 돌려보내면 선처하겠다'는 대통령 담화까지 발표되었던 중학생 유괴 살인 사건으로, 범인이 체육교사로 밝혀지면서 전 국민을 충격에 빠뜨렸던 큰 사건이었다. 작가는 범인이 형 집행 전에 "나는 하나님의 품에 안겨 평화로운 마음으로 떠나가며, 그 자비가 희생자와 가족에게도 베풀어지기를 빌겠다."라고 언급한 것을 주된 모티프로 이 소설을 창작하였음을 밝힌 바 있다.

용서, 구원, 인간이라는 주제를 깊이 있게 다룬 이 소설은 일찍이 비평가 김현으로부터 이청준의 상상력이 가장 높이 솟아오른 작품이라는 찬사를 받았다. 이 소설은 후에 〈밀양〉이라는 영화로 각색되어 세간의 주목을 받기도 하였다.

초등학교 4학년생 알암이 어느 날 하굣길에 갑자기 사라져 버린다. 어머니는 온갖 노력을 다해도 자식을 찾지 못하자 이웃 교회 집사의 권유로 기독교 신자가 된다. 그것은 하느님이 자식을 무사히 되돌려 주기를 기원해서였지만, 아이는 얼마 후 사체로 발견된다. 알암이 다녔던 주산학원 원장에 의해 살해 당한 것이다. 아이를 잃은 슬픔에 잠긴 어머니는 신앙심을 버리고 범인에 대한 원한과 저주로 하루하루를 보낸다. 그녀는 교회 집사의 계속되는 설득에 따라 아이의 영혼을 구원 받기 위해 다시 하느님을 믿고 결국 범인을 용서하기에 이른다. 그러나 범인은 이미 기독교 신자가 되어 하느님으로부터 용서를 받고 죽음을 기다리고 있다. 그런 범인을 보는 순간, 그녀는 극도의 절망감에 빠지게 되어 스스로 목숨을 끊고 만다.

이와 같은 내용으로 구성된 〈벌레 이야기〉는 알암이의 아버지가 서술자로 등장하여 스토리를 진행하는 형식을 취하고 있다. 그는 자신이 겪었던, 아이와 아내의 죽음에 대한 체험담을 독자들에게 담담한 어조로 들려 주고 있다. 이때 독자는 서술자인 알암이 아버지의 시선을 따라 궁금증을 유발하며 작품에 몰입할 수 있게 된다. 서술자인 남편이 아내의 절망 속에 도사리고 있는 그 정체를 찾아가는 이야기 구조를 취하고 있는 점은 이청준 소설에서 흔히 볼 수 있는 탐색의 형태로서, 이는 독자들로 하여금 흥미로움을 더해 주는 요소가 되기도 한다.

작가는 한 신문을 통해 "〈벌레 이야기〉는 광주항쟁 직후였는데 당시 정치 상황이 너무 폭압적이어서 폭력 앞에서 인간은 무엇인지를 생각해 봤습니다. 그런데 가해자와 피해자가 있을 때 피해자는 용서할 마음이 없는데 가해자가 먼저 용서를 이야기하는 상황이 벌어졌습니다. 그럴 때 피해자의 마음은 어떨까요. 이 작품은 그런 절망감을 그린 것입니다."라고 이 소설의 창작 의도를 밝힌 적이 있다.

작가의 이와 같은 언급을 통해 알 수 있듯 이 소설은 1980년대 한국 사회의 부조리함을 담아내고 있는 작품이다. 소설 속의 주인공인 알암이 어머니는 원인 모를 갑작스러운 폭력 앞에서 무기력할 수밖에 없는 나약한 인간 존재의 한계를 상징한다. 작가는 그 모습이 마치 소설 밖의 1980년대 한국 사람들의 자화상과도 같다는 사실을 우리에게 생생하게 들려 주고 있다.

예고 없이 들이닥친 아이의 실종과 죽음은 폭력적인 현실 앞에 무방비 상태로 노출되어 있는 인간의 무력함 그 자체이다. 더욱이 아무 잘못 없는 사람에게 처해진 갑작스러운 사고와 그로 인한 죽음은 그야말로 그 어떤 말로도 형용할 수 없을 정도의 폭력적인 사태이다. 작가가 서문에서 밝힌 바와 같이 사람은 누구나 존엄한 존재이므로 자신의 존엄성이 지켜질 때 한 우주의 주인일 수 있고 우주 자체일 수 있다. 그러나 그 주체적인 존엄성이 짓밟힐 때 한갓 벌레처럼 무력하고 하찮은 존재로 전락할 수밖에 없다.

이 소설의 제목 〈벌레 이야기〉에서 지칭하는 '벌레'는 유한한 인간 존재를 은유한 것으로 볼 수 있다. 작가가 주인공을 한 마리의 벌레에 빗대어 그려내었다는 점에서 이 소설의 알레고리적 성격 또한 짐작할 수 있다. 뿐만 아니라 이는 절대적 신과 대결하고자 하는 인간의 이야기이므로, 필연적으로 비극적 결말이 예정되어 있음에 대한 암시로 볼 수 있기도 하다.

작가는 그러한 폭력에 대한 참된 용서는 무엇인가 하는 물음을 독자들에게 던져 준다. 주인공 알암이 어머니는 범인이 신 앞에 회개하고 용서 받았다는 것을 알고는 자살을 택한다. 이때 주인공을 절망에 빠뜨린 것은 용서의 기회와 용서의 표적을 빼앗긴 것 때문이다. 그것은 피해자가 가해자를 용서하기 전에 신이 먼저 용서할 권리는 없다는 의미이다. 이미 신으로부터 용서를 받은 그를 새삼 용서할 수도 없으므로 이때 그녀의 용서는 아무 의미가 없는 것이 되고 만다.

작가는 "인간의 구원이란 인간끼리의 책임과 관계 속에서 용서 받은 다음에 이루어지는 것이고, 인간의 한계를 벗어났을 때 마지막으로 신 앞에 나아가는 것이다. 그런데 인간의 용서를 비켜가 곧바로 신과 직교하면 비인간화하게 된다."라고 언급한 적이 있다. 바로 이것이 이 소설의 주인공을 죽음으로 몰고 간 직접적인 원인이었던 것이다.

작가의 이와 같은 언급이나 주인공을 죽음에 이르게 한 소설의 결말은 모두 실존주의 사상과 맥이 닿아 있다. 그것은 '그렇게 참혹한 죽음을 당한 아이에게 무슨 죄가 있단 말이냐'고 반문하고 있는 주인공의 말에 잘 드러나 있다. 이 작품에서 작가는 인간을 죄인으로 보는 기독교적 원죄의식을 부정하고 있다. 또한 '자신이 용서하지 않았는데 누가 그 범인을 용서한단 말이냐, 아무리 하느님이라도 그럴 권리는 없다.'고 주인공이 분개하고 있는 데서도 마찬가지 맥락을 읽을 수가 있다. 이는 신의 존재는 물론, 기독교적 원죄를 부정하고 있다는 점에서 무신론적 실존주의 사상의 단면을 엿볼 수 있게 하는 부분들이다.

무엇보다도 이 작품의 가장 핵심적 의미는 주인공이 자살을 하게 된 직접적인 동기에서 찾을 수 있다. 그녀는 자식을 잃은 데서 온 충격에 더하여 한 차례 더 견디기 힘든 좌절감에 직면한다. 범인이 체포되었을 때 자신이 직접 '눈깔을 후벼 파고 그의 생간을 내어 씹고 싶어' 할 정도로 그를 저주한다. 그러나 법이 그를 보호하고 아무 상관없는 사람들이 범행의 목적과 과정을 추궁하고 재판을 통해 그의 죽음을 결정지어 버린다.

그렇지만 그녀는 그 좌절감을 그런 대로 극복해 낸다. 그녀는 범인이 최대한 큰 고통 속에서 죽어가기를 바라는데, 그 자체가 저주이자 복수였기 때문이다. 실존주의의 대표자인 사르트르는 인간과 세계가 참된 모습을 드러내는 것은 사랑, 증오, 분노, 공포, 환희, 분개, 찬양, 희망, 절망에서라고 한 바 있다. 이 소설에서 주인공이 버틸 수 있었던 것은 사르트르가 말한 '분노와 증오'가 주는 에너지 때문이었다. 이때 그녀가 품은 분노와 저주, 그리고 복수심은 그녀를 버틸 수 있게 해주는 요인이었던 것이다.

그 후 그녀는 자식의 영혼이 구원 받게 된다는 한 기독교인의 설득에 다시 기독교인이 되고 범인을 용서하기에 이른다. 그러나 범인은 이미 하느님으로부터 용서를 받았으므로 어이없게도 그녀는 그 범인을 용서할 권리마저 빼앗기고 만다. 주인공은 자신이 어설픈 신앙심을 가지고 범인을 용서하는 과정에서 그 범인 또한 가련한 한 인간이며, 그러한 인간을 상대로 한 복수나 저주는 부질없는 일이라는 사실을 알게 된다. 하느님의 섭리와 자기 사이에서 두 갈래로 찢어지게 된 그녀는 결국 스스로 목숨을 끊어 버리고 만 것이다.

결론적으로 〈벌레 이야기〉는 기독교 신앙을 소재로 한 소설로, 신의 권위를 부정하고 거기에 도전하는 내용으로 구성되어 있는 한 편의 실존주의 작품이라 할 수 있다. 절대적인 신과 대결하고자 했던 한 인간의 이야기를 통해, 신의 권능을 부정하고 인간의 실존을 지상의 가치를 가진 것이라 항변하고 있는 이 소설에서 작가는 한 실존인의 저항을 통해 종교 속의 인간 소외를 그려내고 있다.

〈이방인〉의 작가 카뮈는 인간은 타인으로부터 단절감을 느꼈을 때, 존재 이유의 부재를 느꼈을 때, 그리고 인생의 고통스러움의 무의미함을 느꼈을 때 부조리를 경험하게 된다고 언급한 바 있다. 이때 인간은 '자살'과 '반항' 두 가지의 태도를 취한다고 하였다. 이와 같은 관점에서 본다면 〈벌레 이야기〉에서 주인공의 자살은 신의 권위를 부정하고 거기에 도전한, 부조리에 대한 반항으로서의 자살이라 할 수 있다. 그것은 마치 피조물에 불과한 벌레가 신에게 도전한 것과도 같은 맥락으로 생각될 수 있다. 그녀는 절망과 분노의 뿌리를 끊어버리기 위해 자살을 선택하는데 그것은 존엄성이 상실된, 모순된 상황에서 인간의 가치를 확인하려는 처절한 몸부림과도 같다. 결국 이 소설에서 주인공은 세계의 무의미함에 항거하여 스스로 목숨을 끊음으로써 세상의 무의미함을 철저하게 부수는 행위에 이르렀던 것이다.

참고 자료

이청준, 『벌레 이야기』, 열림원, 2002.
권오룡 엮음, 『이청준 깊이 읽기』, 문학과지성사, 1999.
김치수 외, 『이청준論』, 삼인행, 1991.
장양수, 『이청준 소설의 세계』, 한울아카데미, 2011.
조가경, 『실존철학』, 박영사, 1991.
장 폴 사르트르 저, 방곤 역, 『실존주의는 휴머니즘이다』, 문예출판사, 1997.

민중의 어두운 속성 알레고리

이문열의 〈우리들의 일그러진 영웅〉

1980년대 한국 문단을 대표하는 작가로 손꼽히는 이문열은 1977년 『대구일보』 신춘문예 현상 모집에 단편소설 〈나자레를 아십니까〉가 당선됨으로써 본격적으로 문학 활동을 시작하였다. 그로부터 2년 후 『사람의 아들』을 발표하면서 선풍적인 인기를 끌게 된 그는 '1980년대가 낳은 최대의 문제 작가'라는 찬사를 받기도 하였다.

일찍이 남로당 간부를 지냈던 아버지가 6·25 사변 중에 월북해 버림으로써 유소년 시절을 어렵게 보낸 그는 가난과 잦은 이사로 안정된 생활을 유지하기가 어려웠다. 짧은 시간에 많은 작품을 써 내었다고 해서 다작(多作)의 작가로도 정평이 나 있는 그는 단기간 내에 어느 누구도 따르기 어려울 만큼의 많은 양의 작품을 발표하였고, 상업적인 면에서도 큰 성공을 거둔 작가로 알려져 있다.

그뿐 아니라 그는 오늘의 작가상, 동인문학상, 대한민국문학상, 중앙문화대상, 이상문학상 등 대한민국의 유수한 문학상은 거의 휩쓸

다시피 하였다. 현재 그의 많은 작품이 프랑스, 영국, 독일, 스웨덴, 일본 등지에서 번역되어 해외에도 그의 문학적 명성은 상당히 널리 알려져 있다.

이러한 화려한 이력을 가진 작가임에도 불구하고 그동안 이문열의 작품에 대해서는 비판적인 평가도 상당히 많이 존재해 왔다. 그를 두고 낭만주의자 또는 허무주의자로 규정한 견해를 비롯하여 전망이 결여되어 있고 이념을 혐오하는 작가, 민중을 불신하는 체제 옹호자, 고급 부르주아 문학의 기수라는 등의 많은 부정적인 의견이 그것을 뒷받침해 준다.

이 글에서 살펴볼 〈우리들의 일그러진 영웅〉은 1987년 6월『세계의 문학』44호에 발표된 이문열의 대표적인 단편소설로 제11회 이상문학상 수상작이기도 하다. 당시 이 소설은 심사위원들로부터 '권력의 형성과 몰락의 과정을 읽을 수 있는 작품', '회고의 형식을 취함으로써 안정감을 얻어 소설의 정석에 놓인 작품'이라는 등의 찬사를 받았으며, 많은 독자들로부터도 이목을 끌었다. 또한 이 소설은 1992년에는 영화로 제작되어 교육 현장에서 많이 활용된 바 있다.

〈우리들의 일그러진 영웅〉은 마흔 살의 학원 강사가 27년 전 초등학교 학급에서 일어난 일을 회상하는 내용으로 구성되어 있다. 왜곡된 교실을 통해 한국의 사회 현실과 민중의 속성을 비판하는 작가의 목소리가 강하게 내재된 이 소설은 시골의 어느 초등학교 반 아이들 사이에서 있었던 사건이 핵심을 이루고 있다.

소설의 화자 한병태는 서울의 명문 초등학교에 다니다가 아버지의 좌천으로 시골 학교로 전학을 가게 된다. 거기서 폭력과 불법으로 반 아이들을 장악하고 있는 반장 엄석대를 만나게 되고 엄석대가 만들어 놓은 세계로 편입되어 가는 과정에서 그는 끊임없이 저항하고 거기에서 느끼는 좌절감과 패배감에 괴로워한다. 그는 비민주적 독재자로 군림하고 있는 엄석대의 횡포와 폭력에 쉽게 굴복하지 않고 버텨 나가지만, 반장을 비롯한 반 아이들의 계속되는 소외와 박해에 견디다 못해 결국 항복하고 만다. 6학년이 되어 새로 부임한 젊은 담임선생님에 의해 엄석대의 비행이 드러나게 되자 엄석대는 반장 자리에서 밀려나고 만다. 결국 엄석대는 학교를 그만두고 그들의 반은 다시 합리적이고 정상적인 민주 학급이 된다.

이 소설이 발표된 1987년은 한국 사회에 민주화의 열기에 대한 경각심이 강하게 일어나던 시기였다. 사회적으로 군사 독재 체제에 항거하고자 하는 움직임이 강하게 일어나고 권위주의 정치를 극복하고자 하는 시도가 이어져 간 때였다. 정부와 기성 세대의 악과 부조리를 지적하는 담론이 지배적이었던 당시의 사회적 환경을 바탕으로 탄생된 〈우리들의 일그러진 영웅〉은 초등학교 교실을 빌려 1980년대 중반의 한국 사회를 우의적(寓意的)으로 형상화하고 있다는 점에서 한 편의 알레고리 소설이라 할 수 있다.

알레고리란 '다르게 말한다'는 뜻을 가진 그리스어 'allegoia'에서 유래된 말로 '우의(寓意)' 또는 '풍유(諷諭)'라고도 표현된다. 브룩스와 워런은 알레고리를 등장인물, 사물, 사건이 실제로서가 아니라 어떠한 표상(表象)들을 대신 나타내기 위해서 취해진 서술의 일종이라고 한 바 있다. 이는 일반적으로 표면적인 의미와 이면적인 의미로 이루어진 이중적 의미의 이야기 유형으로 나타난다. 이러한 알레고리는 표면적

이야기의 저변에 있는 제2의 이야기를 표면적 이야기와 동시에 읽게 한다는 점에서 언어의 암유적(暗喩的) 용법이라고도 불린다.

그런 의미에서 본다면 〈우리들의 일그러진 영웅〉은 정치 상황에 대한 명백한 하나의 알레고리로 읽을 수 있다. 자유당 정권 말기, 즉 독재 정권 시대를 배경으로 하고 있는 이 소설에 등장하는 교실은 '국가'를 의미한다고 할 때, 반장 엄석대는 '독재자'를 지칭한다. 따라서 시골의 어느 초등학교의 반장을 맡고 있던 엄석대의 횡포는 '독재 정권의 전횡'을 2차적으로 의미하는 것으로 해석 가능하다.

나아가 성인이 된 화자는 자신이 살아가는 1980년대도 유년시절에 경험한 그 세계와 닮아 있음을 생각한다. 그것은 자유당 정권 시절부터 80년대의 새로운 독재 시대에 이르는 세월 동안의 한국 정치 현실도 화자가 경험한 초등학교 교실의 상황과 마찬가지라는 작가의 생각을 표현한 것으로 이해된다.

이 소설에는 민중의 어두운 속성에 대한 비판의식 또한 강하게 드러나 있다. 한병태는 자기보다 나이도 많고 힘이 센 엄석대를 상대로 싸움을 벌이는데, 석대는 자신이 상대하기에는 여러 가지 면에서 벅찬 대상이다. 엄석대는 담임선생님으로부터도 절대적인 신임을 받고 있을 뿐만 아니라 아주 치밀하고 술수에 능한 인물이다.

그럼에도 불구하고 그런 엄석대로부터 한병태가 결정적으로 패배한 것은 석대에게 철저하게 복종하고 있는 반 아이들 때문이다. 겉으로 보기에는 모범적인 학급이었던 그들의 반은 실제로는 불합리와 폭력에 기초한 어떤 거대한 불의가 존재하였다. 그들의 교실은 거짓과 권모술수에 능한 엄석대라는 악한 힘이 아이들을 장악하고 그들을 철저히 노예로 삼고 있었던 것이다.

이때 반 아이들은 사회학에서 일반적으로 말하는 '즉자적(卽自的) 민중'을 의미한다. 즉자적 민중이란 정치, 경제, 문화적으로 부당한 지배를 받고 있음에도 불구하고 그것을 억울하다거나 피해라고 느끼지 못하고 숙명으로 받아들여 체념하도록 훈련된 사람들을 말한다. 통치자의 입장에서 볼 때 즉자적 민중은 아주 편리한, 그들에게 순종하는 사람들이다. 이는 마치 반 아이들이 석대에 대한 굴종에 길들여져 있으며 자신들이 당하는 고통과 불이익을 당연하게 받아들이는 것과도 같은 맥락이다. 아이들은 자신들이 받는 부당함과 폭력적인 상황을 감수하면서까지 권력의 비호 아래에서 소외 당하지 않기 위해 스스로 애를 쓴다.

반 아이들은 오히려 한병태를 철저하게 소외시킨다. 석대가 싫어한다는 이유로 한병태에게 온갖 박해를 가하기까지 한다. 이는 권력에 복종하는 자가 스스로 권력자가 원하는 행동을 하려고 하고 권력자의 의지를 마치 자신의 의지처럼, 심지어 미리 알아서 따르려고 한다는 권력의 일반적 속성과도 같다. 권력자는 복종하는 자로 하여금 특정한 행동을 선택하도록 이끄는데 엄석대를 비롯한 반 아이들의 태도에서 이와 같은 사실이 뚜렷하게 드러난다.

엄석대의 권력에 반발하면 할수록 한병태에게 심각하게 주어지는 고통은 모든 급우들로부터의 냉대였다. 엄석대와 그의 막강한 권력에 빌붙은 반 아이들을 상대로 하는 오랜 싸움에 기력이 다한 한병태는 마침내 석대에게 항복하고 만다. 굴종을 감수하고 자신의 질서 안으로 편입되어 들어가자 엄석대는 한병태에게 '폭포와도 같은 은혜'를 쏟아 붓는다. 한병태가 맛본 '굴종의 열매'는 달았고, 덕분에 반 아이들의 병태에 대한 태도도 급변한다. 병태의 주먹 서열은 전보다 두 등급이나 높아지고 놀이에서는 병태를 서로 자기 편으로 끌어넣으려고 애를 쓸 정도였다. 심지어 병태가 비행을 저질러도 석대에게 고발되는 일은 일절 없어졌다.

그러나 이런 석대의 왕국은 6학년이 되어 담임선생님이 바뀌자 허무하게 붕괴되고 만다. 새로 부임한 선생님으로 인하여 교실에서의 변혁은 시작되었던 것이다. 6학년 담임선생님은 5학년 담임선생님처럼 석대를 터무니없이 믿기는커녕 오히려 무언가를 의심하기 시작한다. 그와 같은 사실이 점점 명백해지자 병태가 그렇게 움직여 보려고 해도 꿈쩍 않던 반 아이들이 저절로 변하기 시작한다. 조그마한 반항들이 심심찮게 일어났고, 무슨 일이 일어나도 석대보다 담임선생님을 먼저 찾는 아이들이 하나 둘씩 늘어갔던 것이다. 종국에는 아이들이 석대에게서 등을 돌리고 말았다. 그동안 거의 자발적으로 감내해왔던 굴종과 불이익이었지만, 석대의 몰락 순간부터 그것은 석대에게 악담을 퍼붓게 하는 행위로 돌변하게 되었던 것이었다.

석대 왕국의 몰락은 구체적으로 그가 저지른 시험 부정이 수면 위로 떠오르면서부터 시작되었다. 담임선생님은 석대로부터 잘못했다는 말을 받아내고는 아이들로부터 그동안 석대가 저지른 나쁜 짓을 모두 자백하게 만든다. 그러자 석대가 지금까지 저지른 악행들이 아이들의 입에서 거침없이 쏟아져 나오고, 아이들은 무서운 기세로 그간의 석대의 비행을 폭로하게 된다.

아이들의 거침없는 고발은 용기로 인정되었지만 병태는 끝끝내 입을 다물고 만다. 병태는 그 상황에서 석대를 고발하려 들면 그렇게 할 수도 있었지만, 반 아이들의 석대에 대해 쏟아내는 비난과 행동은 마치 변절 행위와도 같이 느껴졌기 때문이다.

부정과 비리가 횡행하던 교실의 세계, 억압과 통제에 쉽게 순응하다가도 또 다른 어떤 힘에 의해 금세 변해 버리는 아이들의 모습을 통해 작가는 우리가 살아가는 이 세상도 비슷하다는 사실을 지적한다. 즉 병태가 아이들을 두고 '교활하고도 비열한 변절자'라고 한 것은 작가가 본 민중의 속성 그 자체였던 것이다.

집단, 곧 민중이란 기회주의적이고 이기적인 속성을 지니고 있다. 그들은 변혁을 실현하는 구체적인 힘이기는 하되, 일정하게 정돈되어 있고 지향점이 뚜렷한 힘이라기보다는 외적인 자극에 의해 어느 쪽으로도 작용할 수 있는 무정형의 힘이다. 그리고 그 힘은 긍정적으로 작용하기보다 부정적으로 작용할 가능성이 훨씬 높다.

결국 〈우리들의 일그러진 영웅〉은 아이들의 세계를 무대로 권력과 집단의 문제를 다루고 있는 작품으로, 작가는 이와 같은 이야기를 통해 우리가 살아가는 이 세상에서 독재자가 폭력으로 그 권력을 유지하는 많은 부분의 책임은 시민들에게 있다는 사실을 말하고 있는 것으로 볼 수 있다.

성인이 된 한병태가 유년 세계를 떠올린 것도 표면적으로는 엄석대와의 우연한 만남이지만 내면적으로는 현재의 상황이 유년 시절의 상황과 유사하기 때문이며, 화자 역시 과거의 상태에서 벗어나지 못하고 있음을 자각했기 때문이다. 그런 의미에서 본다면 소설의 말미에서 석대의 몰락을 본 화자가 '안도인지 비판이지 모를 눈물'을 흘리는 것은 소시민적 자아의식에서 비롯된 무력감, 안일함, 복종 심리가 사회의 부조리와 불합리를 양산한다는 작가의 메시지를 전달하기 위한 의도가 아닌가 한다.

참고 자료

이문열, 〈우리들의 일그러진 영웅〉, 『이상문학상 수상 작품집』, 문학사상사, 1987.

권성우, '작가에게 보내는 젊은 비평가의 편지', 『작가세계』 창간호, 1989년 여름, 세계사.

김윤식 외, 『이문열론』, 도서출판 삼인행, 1992.

유재천 편, 『민중』, 문학과지성사, 1984.

한병철 지음, 김남시 옮김, 『권력이란 무엇인가』, 문학과지성사, 2011.

M. H. Abrams, 최상규 역, 『문학용어사전』, 예림기획, 1997.

환상이 평생을 지배한 어느 순수한 영혼

안정효의 〈헐리우드 키드의 생애〉

작가 안정효는 1941년 서울에서 태어나 서강대학교 영문과를 졸업한 후 코리아헤럴드, 코리아타임스 등에서 기자로 근무하였다. 1975년 가브리엘 마르케스의 〈백년동안의 고독〉을 번역한 그는 현재까지 150여 권 이상의 번역서를 남기고 있다. 그가 본격적으로 소설 창작에 매진한 것은 1983년 『실천문학』에 장편소설 〈하얀전쟁〉을 발표하면서부터이다. 이후 그는 〈은마는 오지 않는다〉, 〈미늘〉, 〈정복의 길〉 등의 소설을 지속적으로 발표하였다.

그는 1992년 중편소설 『악부전』으로 제3회 김유정문학상을 수상한 바 있다. 또 그의 소설은 현재 영어, 독일어, 일본어, 덴마크어, 베트남어, 폴란드어 등으로 번역되어 세계적으로 많은 독자를 확보하고 있기도 하다. 이 글에서 살펴볼 〈헐리우드키드의 생애〉로 중견 작가로서의 입지를 확고하게 다진 그는 이 소설을 비롯하여 〈은마는 오지 않는다〉, 〈하얀 전쟁〉과 같은 작품이 영화화되어 관객들로부터 큰 호응을 얻은 바 있다.

〈헐리우드 키드의 생애〉는 안정효가 1992년 『문학사상』 1 · 2월호에 발표한 중편소설이다. 작가는 그해 11월, 기존의 내용을 바탕으로 이 소설을 전작 장편으로 확대하여 민족과문학사에서 간행하였다. 그 후 만 2년도 안 되어 15쇄나 찍은 이 작품은 당시 상당히 많은 독자를 확보한 것으로 알려져 있다.

〈헐리우드 키드의 생애〉는 헐리우드 영화의 환상에 빠져 살아간 임병석이라는 인물의 일대기로, 주인공 임병석의 친구 윤명길의 시점에 의해 서술된다. 작품의 배경이 되는 시대는 그들이 고등학교에 다니던 1950년대 중반부터 주인공이 생을 마감하는 1980년대까지이다. 한 비평가가 지적했듯이 이 소설은 전근대적인 한국에 사는 감수성이 예민한 영화광인 고등학생들이 근대화의 표본이라고 할 수 있는 서양 영화, 특히 미국 영화산업의 메카인 헐리우드에서 만들어진 미국 영화 속에 그려진 환상을 보면서 성장하는 과정을 보여 주고 있는 한 편의 성장소설이다.

화자인 '나' 명길과 헐리우드 키드라는 별명이 붙은 병석 등 몇몇 친구들은 '황야의 7인'을 결성하여 늘 영화에 빠져 산다. 돈도 없고 제대로 먹지도 못하던 시절, 그들에게는 영화만이 답답한 현실로부터 탈출할 수 있는 유일한 길이었다. 그 중 '황야의 7인'을 주도적으로 이끌어간 병석은 헐리우드 배우 2천여 명의 이름을 줄줄 꿰고 있을 뿐만 아니라 학교 선생님께 단체 관람 영화를 추천할 정도로 영화에 대한 해박한 지식의 소유자이자 열성적인 영화광이다.

'황야의 7인'은 그 무렵의 학생들이 경험하는 갖가지 일탈을 겪으면서 성장한다. 세월이 흘러 어른이 된 병석은 헐리우드 영화의 환상에 갇혀 현실에 적응하지 못한 채 초라하게 살아가고 명길은 영화감독이 된다. 어느 날 병석은 명길에게 자신이 쓴 시나리오를 80만원에 강제로 떠넘긴다. 〈무책임한 두 주일〉이라는 제목의 이 시나리오는 전문가들로부터 완성도가 뛰어난 작품으로 평가 받아 바로 제작에 들어간다.

그러나 명길은 영화의 제작 과정에서 그 시나리오의 90퍼센트 이상이 다른 영화의 대사와 시퀀스를 베낀 완벽한 콜라주(collage)임을 알게 된다. 그는 처음에는 이 시나리오의 거의 대부분이 표절이라는 사실에 큰 충격을 받지만, 다시 생각해 보니 그렇게 혐오할 만한 일이 아니라 생각한다. 영감이란 없는 것으로부터 무엇을 창조하는 기능이 아니라 있는 것들을 재조립하고 가꾸고 다듬는 능력에 지나지 않는다는 사실을 인정하게 되었기 때문이다.

이렇게 결론을 내린 명길은 영화의 촬영을 무사히 마쳤고, 이 영화는 서울의 개봉관에서 28만의 관객을 동원하여 흥행에서 큰 성공을 거두었다. 그 후 명길이 만든 영화는 예술적으로도 호평을 받아 국내외 영화제에서 작품상, 감독상, 음악상 등을 수상하기에 이른다.

허망한 꿈, 아웃사이더로서의 삶

명길의 시선을 통해 영화광이었던 학창 시절 친구의 삶을 회고하는 내용으로 구성된 〈헐리우드 키드의 생애〉는 작가 안정효의 영화에 대한 자신의 체험의 기록과도 같다. 이 소설은 물질적으로는 가난했지만 정신적으로 더욱 풍요로웠을지 모르는 옛 시절의 이야기를, 영화를 매개로 하여 펼쳐 보이는 작가 자신의 추억담과도 같이 엮은 것이기 때문이다.

작가는 학창 시절, 실제로 영화를 볼 때마다 한 장 두 장 메모를 남겼고, 그것이 차곡차곡 쌓여 두툼한 봉투로 하나 가득 모일 정도였다고 한다. 그가 살아온 1950년대는 텔레비전이나 다른 오락 수단이 없었으므로 영화는 큰 의미를 지닐 수밖에 없었다. 그는 이 소설에 나오는 것과 같은 경험을 직접 거친 바 있고, 학창 시절에는 실제로 영화를 보다가 두 차례나 적발되어 정학을 받기도 하였다고 작품 후기에서 회고하고 있다.

가난이란 그 시대를 살아온 사람이라면 누구나 경험할 수밖에 없었던 보편적인 상황이었다. 그런 시절에 영화를 본다는 것은 어쩌면 사치스러운 일일지도 모른다. 그러나 그들에게 영화는 누추한 현실에서 벗어나 상상의 세계로 빠져드는 탈출구로서, 그 시대를 살아갔던 사람들이 현실에서 벗어날 수 있는 유일한 꿈이자 환상의 세계와도 같았다.

소설에 등장하는 '황야의 7인' 역시 일상의 권태에서 탈출하고자 영화에서 환상을 경험하고 또 희망을 품고 살아갔다. 그 중에서도 주인공 임병석은 영화를 통해 환상 속에서 살고, 그 환상에서 평생을 벗어나지 못한 인물이었다. 전쟁 직후 폐허가 된 현실을 마치 현란하고 낭만적인 영화를 통해 망각하려 하기라도 한 것처럼 현실의 누추함과 절망을 영화를 통해 탈피하려 한 그는 결국 헐리우드 영화에 빠져 평생 어디에도 정착하지 못하였다.

현실과 한상, 즉 실제 삶과 영화 세계 사이에서 오직 환상과 영화의 세계에만 침잠해 있었던 임병석은 자신의 삶 자체를 한 편의 흥미진진한 영화로 받아들였다. 그래서 그런지 그는 가족에게, 그리고 때로는 자신에게 벌어지는 사건들에 대해 시종일관 방관자적인 태도를 취하였다. 아버지를 비롯한 다른 가족들을 무슨 영화의 주인공이나 배우쯤으로 여기는 듯했고, 집안의 가난을 그의 가난이 아니라는 듯한 태도를 보였던 것이다.

환상에 빠져 현실에 무책임한 삶을 살아가는 임병석의 정신 세계는 자신이 직접 창작한 시나리오 〈무책임한 두 주일〉에 그대로 드러난다. 이 시나리오는 순수하고도 이상적인 사랑의 한 형태를 그려 놓은 일종의 낭만적 사랑 이야기이다. 남자 주인공 윤 교수는 자살에 대한 환상적인 충동을 느껴 자살 여행을 떠난 라미애를 우연히 만나 사랑에 빠지지만 결국 자살을 택하고 만다. 이와 같은 내용으로 구성되어 있는 이 시나리오는 구체적 배경도 없고 현실감도 상당히 결여되어 있다. 이는 마치 현실에 철저하게 적응하지 못한 임병석의 삶을 그대로 대변하는 것과도 같다.

그러나 그의 이 시나리오는 작법이나 긴박한 줄거리 전개, 경쾌한 인물 묘사, 간결한 상황 설정과 집약된 대화에 이르기까지 거의 흠잡을 데가 없는 보기 드문 수작(秀作)이었다. 전문가들로부터 극찬을 받은 이 시나리오를 가지고 영화감독으로 활동 중인 명길은 곧바로 영화 제작에 착수한다. 그런데 영화가 마무리되어 갈수록 자신이 만드는 영화에 대해 명길은 왠지 모를 불안감을 느끼게 된다. 대본을 들여다볼 때마다 계속해서 느껴지는 어떤 묘한 기시감(旣視感)에서 헤어날 수 없었던 그는 밑줄을 그어 가며 내용을 하나하나 확인해 본 결과, 시나리오의 3분의 1이 아니라 거의 90퍼센트가 표절이라는 사실을 발견하게 된다. 병석의 시나리오는 그야말로 완벽한 표절의 콜라주(collage)로, 명길의 표현에 의하면 '표절의 미학에 있어서는 기네스북에 오를 만한 걸작'이었던 것이다.

새로운 예술 양식의 실험

작가 안정효는 병석의 시나리오 〈무책임한 두 주일〉을 통해 자신이 이 소설을 쓸 무렵 우리 사회에 크게 유행했던 서구의 포스트모더니즘 이론을 소설에 직접 적용하고자 시도하였다. 포스트모더니즘은 1946년 영국의 역사가 아놀드 토인비가 『역사 연구』 제3권에서 처음으로 사용한 용어로, 이후 문학 비평가들에 의해 문학 개념으로 적용되기 시작하였다. 모더니즘에 대한 도전과 비판에 대한 반작용으로 등장하게 된 포스트모더니즘은 제2차 세계대전 이후, 즉 20세기 후반에 접어들면서부터 본격적으로 생겨나기 시작한 문화 현상이다. 과거의 전통이나 인습에서 벗어나 새로운 것을 창안하고자 하는 문학적 급진주의를 일컫는 이 경향은 다원성과 상대성을 기본 정신으로 한다. 또 전위적인 실험성이 강하여 형식의 존재 자체를 거부하는 입장을 취한다.

포스트모더니즘의 핵심적인 지배소인 상호 텍스트성이나 탈장르화, 장르 확산, 자기 반영성, 대중문화에 대한 관심 등은 특히 주목할 만하다. 이 입장에 의하면 문학 작품은 '잘 빚어진 항아리'가 아니라 '산산조각으로 깨어진 항아리'이며, '언어적 성상'이라기보다 오히려 '언어적 미로'에 해당한다.

포스트모더니스트들은 태양 아래 새로운 것이 존재하지 않듯이 예술에도 이제 더 이상 새로운 것은 존재하지 않는다고 주장한다. 예술적 소재의 고갈이나 소진을 누구보다도 첨예하게 깨닫고 있었던 그들은 과거에 이미 존재했던 소재를 재생하여 활용하고자 하였다. 그리하여 그들은 선배 작가나 동료 작가의 작품에 자유롭게 의존하여 자신들의 작품을 집필하는 것을 중요한 창작 원리로 삼았다.

이와 같은 포스트모더니즘의 원리에 입각한 작가의 창작 태도는 〈헐리우드키드의 생애〉에서 병석의 시나리오에 그대로 드러난다. 명길은 병석의 시나리오 〈무책임한 두 주일〉을 영화로 제작하던 중 그 시나리오의 거의 대부분이 표절과 콜라주라는 사실에 처음에는 큰 충격을 받는다. 그러나 그는 시나리오를 천천히 읽어내려 가면서 표절의 출처들을 꼼꼼하게 다시 한 번 확인하는 과정에서 조금씩 심경의 변화를 일으킨다.

명길은 '범죄의 증거를 수집하는 과정'이 '무슨 퀴즈를 풀기라도 하는 듯 재미가 있어졌다'고 하면서 '내가 무엇이라고 병석이를, 그리고 그의 작품을 심판하려고 하는가? 지금까지 내가 만든 영화들, 그 작품들도 결국은 하나같이 남의 작품들을 흉내 낸 것이 아니었던가?' 하는 생각을 하게 된다.

그러면서 그는 '이 세상에서 과연 무엇이 진실이고 무엇이 거짓인가?' 하는 생각에 사로잡힌다. '무엇이 모작이고 무엇이 참된 창작인가? 스티븐 스필버그의 〈ET〉도 따지고 보면 현대판 〈피터 팬〉 얘기 그대로인데, 누가 감히 스필버그더러 제임스배리를 표절했다고 손가락질할 것인가?'라고 생각하면서 병석의 콜라주를 혐오해야 할 것이 아님을 깨닫는다. 그리고 그것을 오늘날 예술의 존재 양식의 하나로 인정하게 된다. 이 세상에는 얼핏 보기에는 똑같이 여겨지면서도 너무나 다른 이야기들이 많다. 결국 영감(靈感)이란 없는 것으로부터 무엇을 창조하는 기능이 아니라 있는 것들을 재조립하고 가꾸어 다듬는 능력에 지나지 않는다는 것이 그의 입장이었던 것이다.

우리의 삶이란 태어난 순간부터 죽을 때까지 철저한 흉내의 과정에 지나지 않는다. 그렇기 때문에 모든 사람의 삶이란 비슷비슷하게 마련이고, 사고방식도 서로 닮아가게 마련이다. 그는 그러한 세상 속에서 새로운 창조를 해낼 수 있는 행동반경은 제한될 수밖에 없고 그것이 바로 인간의 조건이라고 생각한다. 또 인간은 어느 누구도 혼자 존재할 수 없는 동물이기에 서로 훔치고 빌려다 씀으로써 문화를 발전시키고 역사를 이룩해 나갔음을 인식한다.

그런 의미에서 보면 병석의 시나리오는 치밀하고도 아름답게 꾸며놓은 한 편의 모자이크 작품으로, 그 나름대로 하나의 독립된 생명을 지니는 것이었다. 이는 어떤 텍스트에 대한 인정된 차용을 이르는 말인 패스티시(pastiche), 즉 혼성모방에 해당되는 것이다. 그것은 일종의 모방작을 의미한다. 패스티시는 기존 작품의 모방이라는 측면에서는 패러디(parody)와 유사하나 패러디에는 풍자적 · 희극적인 요소가 있는 반면, 패스티시에서는 그것이 배제된다는 측면에서는 차이가 있다. 또

한 패러디가 기존 작품과의 관계에 있어서 차이를 추구하고 변형을 지향한다면, 페스디시는 기존 작품과의 유사성과 상응에 의하여 작동된다는 점이 다르다.

결국 병석은 어린 시절, 자신이 그토록 탐닉했던 헐리우드 영화의 장면, 대사 등을 각각 조합해서 완벽하게 새로운 작품을 만들어 내었다. 작가는 이 소설에서 이러한 병석의 시나리오를 통해 포스트모더니즘의 예술관을 제시하고 있다. 그것은 '다른 행위를 모방하는 것은 주체적 행위라기보다는 상호주체적 행위'라고 하는, 작가가 이 소설을 창작하던 당시 우리 문학계와 문화계에 유행처럼 널리 확산되었던 포스트모더니즘 문학 이론과 맥락을 같이 하는 것이다.

요컨대 안정효의 〈헐리우드키드의 생애〉는 영화에서 자신의 꿈을 쫓아다니고, 삶의 슬픔을 잊기 위한 도피처를 영화에서 찾고, 행복에의 갈망과 다른 모든 것들을 영화에서 찾고자 한, 헐리우드 영화 속에 그려진 환상을 보면서 성장한 어느 순수한 영혼의 일생에 대한 이야기라 할 수 있다. 또 이 소설은 패러디 문학 등으로 대표되는 포스트모더니즘 경향이 우리 문학계에 소개되던 시기에 그 이론을 실험적으로 적용한 작품이라는 점에서 의미를 찾을 수 있을 것이다.

참고 자료

안정효,『헐리우드 키드의 생애』, 민족과문학사, 1992.

고부응, '문화와 민족 정체성',『비평과 이론』 제5권 제2호, 한국이론비평학회, 2000.

고현철, '『헐리우드 키드의 생애』의 탈식민주의적 해석', *Comparative Korean Studies* 13권 2호, 국제비교한국학회, 2005.

김욱동,『모더니즘과 포스트모더니즘』, 현암사, 1994.

장양수,『한국 패러디소설 연구』, 이회, 1997.

권력의 허무,
자유를 향한 갈망

김태웅의 〈이(爾)〉

〈이(爾)〉는 극작가 김태웅이 2000년도에 발표한 희곡으로, 당시 대중들로부터 큰 호응을 얻은 작품이다. 이 작품이 발표되던 해에 작가는 한국연극협회로부터 올해의 희곡상을 수상하였으며, 〈이〉가 연극으로 공연된 후에는 한국연극협회의 연극상과 연기상, 동아연극상 작품상, 서울공연예술제 희곡상 등 다수의 상을 받았다.

2005년에는 〈이〉를 원작으로 한 영화 〈왕의 남자〉가 제작되어 이 작품은 더욱 유명세를 타게 되었다. 개봉 이후 112일간 상영된 〈왕의 남자〉는 천만 명 이상의 관객을 확보하여 흥행에도 큰 성공을 거두었으며, 그 후에는 뮤지컬로 공연되기도 하였다.

희곡 〈이〉의 작가 김태웅은 서울대 철학과 출신으로 현재 한국예술종합학교 연극원 극작과 교수로 재직 중이며, 극단 '우인'의 대표를 맡고 있다. 그는 대학 재학 시절 연극반에서 배우로 활동하면서 진로에 대하여 고민하던 중, '내가 극의 대본을 직접 써보자' 하는 생각을 하고부터 극작가의 길을 걷게 되었다고 한다. 극작가가 되기로 결심한 그가 제일 처음 썼던 작품이 〈불임시대〉이다. 이 작품은 정치권력에 대해 목소리를 낼 수 없었던 방송 작가의 일대기를 그린 희곡으로, 작가는 당시 이 작품을 대학생 작품 공모전에 출품하여 동상을 수상하였다.

그 후 그가 본격적으로 활동한 것은 1997년 연우무대 〈파리들의 곡예〉로부터 시작된다. 1999년에는 〈달빛 유희〉로 동아일보 신춘문예 희곡 부문에 당선되기도 하였다. 특히 〈이〉는 연극 마니아들로부터 많은 사랑을 받아왔으며, 그 후 그는 〈풍선교향곡〉, 〈불티나〉, 〈꽃을 든 남자〉, 〈즐거운 인생〉 등 지속적으로 작품을 창작하고 연출을 맡아 왔다. 그동안 국내의 주요 연극상을 석권한 그는 단숨에 우리 연극계가 주목하는 극작가 겸 연출가로 급부상하였다.

역사적 사실을 바탕으로 한 허구

김태웅 작가가 〈이〉를 창작하게 된 것은 광대에 대한 관심으로부터 시작되었다. 그는 〈연산군일기〉를 읽던 중에 광대 이야기를 우연히 접하게 되었는데, 광대와 최고 권력자인 왕과의 관계에 대해 흥미를 느껴 작품을 구상하게 되었다고 한다.

실제로 『조선왕조실록』의 〈연산군일기〉에는 배우 공길(孔吉)이 늙은 선비 장난을 하며 아뢰기를, '전하는 요순(堯舜) 같은 임금이요, 나는 고요(皐陶)같은 신하입니다. 요순은 어느 때나 있는 것이 아니나 고요는 항상 있는 것입니다.'라고 하는 구절이 나온다. 또 공길이 『논어(論語)』를 외워 말하기를 '임금은 임금다워야 하고 신하는 신하다워야 하고, 아비는 아비다워야 하고 아들은 아들다워야 한다. 임금이 임금답지 않고 신하가 신하답지 않으면 아무리 곡식이 있더라도 내가 먹을 수 있으랴.'라고 하니, 왕이 그 말이 불경한 데 가깝다고 하여 곤장을 쳐서 먼 곳으로 유배하였다고 하는 구절이 등장하는데, 작가는 그와 같은 내용에서 영감을 얻어 이 작품을 창작하게 되었음을 직접 밝힌 바 있다.

〈이〉의 작가 노트에서 그는 이 작품이 사실을 바탕으로 하고 있는 허구임을 밝히고 있다. 또 연산군조의 역사와 인물들이 작품을 위해 변형되었음을 언급하였다. 거기에 덧붙여, '작품 제목으로 쓰인 이(爾)는 왕이 신하를 높여 부르던 호칭의 하나이다. 중심 인물로 등장하는 공길과 장생은 소위 '경중우인(京中優人)'이라 불린 사람들로 서울에 거주하며 왕이나 종실의 사람들을 위한 잔치에 불려 다녔던 예인들이다. 이들이 놀던 놀이를 소학지희(笑謔之戲)라 하는데, 이는 재담이나 음담패설, 성대모사, 흉내 내기를 통해 웃음을 유발시키는 놀이로 소품이나 연극적 장치들을 적극적으로 활용했던 것처럼 보인다.'라고 이 작품에 대한 개괄적인 설명을 하고 있다. 연산군조와 역사의 기록 속에 짤막하게 언급된 우인(優人) 공길이라는 인물을 바탕으로 하여 흥미로운 이야기로 다시 태어난 이 작품은 다음과 같은 내용으로 구성되어 있다.

조선시대 연산군조, 궁중 배우 공길은 배우들을 모아 관리하는 희락원의 대봉으로 임명된다. 왕으로부터 총애를 받던 공길은 권력의 맛에 취해 본분을 잊고 살아간다. 그러나 연산의 애정을 공길에게서 빼앗긴 것을 시기하던 녹수는 공길의 필체를 모방한 언문 비방서를 작성하여 공길을 모함에 빠뜨린다. 이때 장생이 나타나 공길의 누명을 자진해서 덮어쓰고 대신 처형 당하자 공길은 마침내 진정한 광대로서의 삶을 깨닫게 되어 자결하고 만다.

정신적 외상으로 인한 일탈

희곡 〈이〉는 총 15장으로 구성되어 있다. 1장과 15장은 벽사의식으로 구성되어 있으므로, 실질적인 내용은 13개의 장에 걸쳐 진행된다. 서사는 크게 연산을 상대로 한 공길과 녹수의 애정 갈등, 권력을 추구하는 공길과 광대의 삶을 추구하는 장생 사이의 본분 갈등이라는 두 축을 중심으로 이야기가 전개되고 있다.

이 작품에서 공길은 왕의 동성애적 총애를 이용하여 천민 신분에서 벗어나려는 야심가로 묘사된다. 광대라는 천민 신분으로 그동안 억압 받는 삶을 살았던 공길은 연산의 사랑으로 인해 벼슬을 하사 받자, 장생을 비롯한 다른 우인(優人)들에게 매우 권위적인 태도를 취하는 등으로 권력을 행사한다.

한편, 연산은 아버지 성종에 대한 열등감과 어머니 폐비 윤씨에 대한 그리움으로 폭정을 휘두르는 인물로 그려진다. 조선의 왕이라는 절대 권력을 가진 연산은 세상을 다 가진, 가장 자유로운 인물처럼 보이지만 실은 생모에 얽힌 아픈 상처로 인해 분노의 응어리를 간직한 체 살아가고 있다.

모든 것을 다 가졌으나 자유와 사랑을 가지지 못한 비극적인 인물 연산은 어린 시절 경험한 생모에 대한 정신적 외상으로 충격과 혼돈에서 벗어나지 못하고, 녹수의 치마폭과 공길 사이를 오가며 마음을 달랜다. 생모로부터 받지 못한 사랑을 녹수로부터 대리 충족시키고자 한 연산은 생모가 사약을 받고 죽었다는 트라우마로 인해 부적절한 성적 행동을 탐닉하는 등 극악무도한 짓을 일삼는다.

이 작품에서 작가는 연산의 그와 같은 광기를 사디즘, 근친상간, 동성애 등 부적절한 성적 일탈로 그려내고 있는데, 공길과의 관계에서도 그것이 뚜렷하게 드러난다. 즉, 연산은 공길에게 고통을 줌으로써 쾌감을 얻는 사디스트로 등장한다.

그것은 3장에서 공길이, '내 살이 패이고 찢길 때 마마가 내 속에 들어옵니다. 전 마마를 느낍니다. 더 세게 치세요.'라는 대목과, '이(爾), 너는 즐기는 게지? 니가 아파하면 나도 아파할까봐 가만 있는 게지? 가만 있으면 나는 니가 이 짓을 좋아한다고 생각한단 말이다. 그리고 나도 이 짓을 이렇게 좋아하게 되고. 그래서, 너를 찾게 된단 말이다. 이렇게 자꾸자꾸…… 아프다고, 그만두라고 소리쳐 보란 말이다. 어서.'라는 연산의 대사에서 그대로 드러난다.

일반적으로 사디즘적 경향을 보이는 사람들은 어린 시절 성적인 외상 경험을 지니는 경우가 많다. 따라서 연산은 자신이 경험했던 상처를 공길에게 가함으로써 어린 시절 입은 외상을 극복하고자 하였던 것이다. 이 작품에서 연산은 생모에 얽힌 과거로 인해 가슴 속에 분노의 응어리를 간직한 채 살아가는데, 왕으로서 누릴 수 없는 자유를 공길을 비롯한 궁중 광대들을 통해 느끼고 자신의 분노를 광대들을 이용해 표출하려 한다. 그 과정에서 녹수는 연산의 마음이 자신보다 공길에게 쏠리자 공길을 향한 끝없는 질투심에 사로잡힌다.

연산의 사랑을 독차지하고 있었던 녹수는 공길과 연산의 가학-피학적 동성애 관계에 질투를 느끼고 있던 차에 연산이 공길에게 종4품의 벼슬을 내리자 공길에게 노골적으로 모욕감을 안겨다 준다. 공길 또한 녹수의 측근인 형조판서 윤지상의 매관매직을 광대들의 놀이판을 통해 폭로한다. 이에 위기감을 느낀 녹수는 공길의 필체를 모방하여 언문 비방서를 날조하여 공길을 모함하기에 이른다.

권력의 허무와 절대 자유

공길과 녹수의 대립은 연산을 향한 질투의 감정뿐만 아니라 권력에 대한 욕망과도 직접적으로 관련된다. 실제로 이 작품은 공길의 텍스트라 할 정도로 광대 공길이 중심 인물로 부각되고 있다. 공길은 극중에서 우인들의 거처를 궐 안에 두고 따로 관리하기를 왕에게 직접 요구하기도 하는 당찬 인물로 묘사된다. 이에 연산은 공길의 요청에 따라 '희락원'을 설치하고 공길을 대봉으로 명한다.

권력의 중심에 가까워질수록 점점 더 권력화되어 가는 공길은 자신에게 주어진 권력을 놓지 않으려 계속 안간힘을 쓴다. 그 과정에서 공길은 궁중 희극인들을 강압적으로 다루는 독재자로서의 기질을 발휘

하고 왕에게는 정치적 조언을 할 정도로 대담한 인물로 그려진다. 권력에 대한 욕망과 기회주의자적 기질을 시종일관 보이는 그는 결말 부분에서 장님 연기를 통해 연산을 풍자하면서 연산에게 가장 절망적인 상처를 주기까지 하는 대담한 성격의 소유자이기도 하다.

한편, 공길이 녹수와 갈등을 일으키는 직접적인 계기는 소학지희(笑謔之戲)를 통해 드러나게 된다. 소학지희는 이 작품에서 총 두 번 등장한다. 극중극 형식의 소학지희는 일반적으로 이야기의 갈등을 전개시키는 내적 기능을 가지고 있음과 동시에 풍부한 언어유희를 바탕으로 마당극과 같은 분위기를 조성함으로써 생생한 현장감을 느끼게 한다. 여기서 파생되는 웃음 속에는 반어와 풍자, 해학 및 기지로 이루어진 비평정신이 내재되어 있다. 따라서 이때의 웃음은 정치적 기능과 비판정신을 포함하고 있는 것으로 볼 수 있다.

〈이〉에서 첫 번째 소학지희인 4장의 진상놀이에서 우인들은 녹수와 윤지상 등을 풍자한다. 여기서 공길은 '장생이 그놈이 왕 앞에서 왕이 왕답지 않으면 쌀밥이 돌밥 된다며 돌 씹는 흉내를 내다가 죽게 된 것을 내가 빌고 빌어 겨우 목숨만은 구해냈다. 조심들 해. 경거망동하다간 내 손에 먼저 죽을 것이야.'라고 하면서 자신의 권력을 직접적으로 행사하는 발언을 서슴지 않는다. 이어 공길의 윤지상에 대한 풍자는 이후에 전개될 녹수와 공길의 갈등을 예고하는 기능을 한다. 따라서 이 진상놀이는 사건 발생의 원인이자 극의 긴장을 유발하는 기능을 담당한다고 볼 수 있다.

두 번째 소학지희는 7장에서 형조판서 윤지상의 비리가 우인들에 의해 폭로되는 것으로 구성된다. 광대들이 녹수의 측근인 윤지상의 매관매직을 폭로하자 그는 결국 연산에 의해 파직되고 만다. 이에 위기감을 느낀 녹수는 언문 비방서를 날조하여 공길을 궁지에 빠뜨리는데, 공길과 녹수의 이러한 행태는 모두 권력욕과 관련되어 있다.

이 작품에서 공길은 권력의 단맛을 알고 즐기며 권력을 확장해 갈 생각까지 하는 아주 정치적이고도 치밀한 인물이다. 그가 연산에게 복종하는 것은 연민보다는 절대 권력에 대한 지향 때문이기도 하다. 연산을 성공을 위한 도구로 보는 것은 녹수 역시 마찬가지다. 그녀는 권력을 얻기 위해서는 어떠한 일도 두려워하지 않는 인물로 묘사된다.

한편, 녹수와 공길의 권력 암투로 인해 공길이 위기에 빠지자 동료 광대 장생은 언문 비방서를 쓴 사람은 공길이 아닌 자기 자신이라고 허위로 꾸며 낸다. 장생은 당시 최고의 신분을 가진 왕이자 폭군이었던 연산 앞에서 시종일관 의연한 태도로 맞선다. 장생은 '길을 가다가도 죽은 개를 보면 그게 마음 쓰여 발걸음이 무거운 게 인간의 마음인데, 지 마음 하나 다스리지 못하고 이 무슨 행패고 투정이냐? 그러고도 니가 임금이라고 권력을 휘두르냐? 니가 비록 왕이라 한들 꺾이고 주린 이들에게 싼 웃음이나 파는 이 천출 장생이만 하겠느냐?' 하며 왕 앞에서 당당히 대결한다. 이러한 대립 구도를 통해 작가는 자유를 가졌으나 부조리한 세상을 향해 자신의 목소리를 내는 장생, 자신이 가진 권력에 짓눌린 삶을 살면서도 늘 자유를 꿈꾸는 연산의 극명한 대조를 보여 준다.

장생은 비록 천민 출신이지만 누구보다도 자유로운 삶을 원했고 또 자유로운 삶을 살았던 인물이다. 권력으로부터 항상 자유로운 모습을 보인 그는 놀이판에서는 자신이 왕이자 하늘이라 말하는 당당한 인물로 묘사된다. 목에 칼이 들어와도 광대에겐 광대의 길이 있다고 믿는 그는 죽음으로부터도 자유로운 모습을 취하는, 그야말로 풍자와 해학의 멋을 아는 인물이다.

한편, 장생은 권력에 취해 광대의 정신을 잃고 타락해 가는 공길에 대한 안타까움으로 공길 대신 기꺼이 죽음을 선택한다. 언문 비방서 사건으로 모함에 빠진 공길을 구하기 위해 그는 대신 처형 당하고, 그동안 권력에 눈이 멀었던 공길은 광대로서의 자신의 정체성을 되찾게 된다. 자신을 살리기 위해 대신 죽은 장생의 행위를 통해 공길은 비로소 자신의 과오와 자신의 권력욕이 장생을 죽인 것임을 깨닫게 된 것이다.

공길은 광대의 본분인 풍자 정신을 되찾은 후, '내가 마마를 버린 것이 아니라 내가 나를 버린 것입니다. 비단도포에 빠져 얼빠진 나를 버린 것이옵니다. 이제야 나를 찾은 것입니다. 이제야 이놈의 가슴이 벌렁거리고 살아있음을 느낍니다. 이놈의 허파가 터져나갈 듯 기쁩니다.'라며 자신의 과오를 깨우치고 연산의 손에 들린 칼에 의해 마침내 자결하게 된다.

연산은 '길아, 저 어둠 뒤에 무엇이 있길래 니가 가느냐? 이제 아무도 없구나. 이제 너도 없고 나도 없구나. 이것이 끝이구나. 이것이 그렇게도 바라하던 끝이구나.' 하며 죽은 공길에게 자기의 용포를 덮어주며 허허로이 웃음 짓는데 그 순간 반정군이 몰려온다.

김태웅의 희곡 〈이〉는 왕으로부터 사랑을 받던 공길이 권력의 맛에 취해 본분을 잊고 살아가지만, 결국 광대의 본연을 되찾아 가는 과정을 그린 작품이다. 권력에 집착하는 공길과 녹수, 권력을 지닌 연산의 심리 변화를 주된 사건으로 전개한 이 작품에서 작가는 장생의 희생으로 다시 광대로 돌아와 죽음을 맞는 공길의 모습을 통해 우리들로 하여금 권력의 허무함, 그리고 절대 자유의 소중함을 다시금 일깨워 주고 있다.

참고 자료

김태웅, 『이』, 평민사, 2005.

강윤주, '매체 전환으로 변화된 정치성-희곡 〈이(爾)〉에서 영화 〈왕의 남자〉로' 『국제어문』 제37집, 국제어문학회, 2006. 8.

윤일수, '연극 〈이(爾)〉와 영화 〈왕의 남자〉에 나타난 연산의 외상 치유 방법 비교' 『드라마연구』 제25권, 한국드라마학회, 2006.